关键沟通

如何解决难题，不伤感情

[美] 苏珊·斯科特 著
（Susan Scott）
闾佳 译

中国友谊出版公司

图书在版编目（CIP）数据

关键沟通：如何解决难题，不伤感情 / (美) 苏珊·斯科特著；闫佳译.—北京：中国友谊出版公司，2018.7（2019.1重印）

书名原文: Fierce Conversations：Achieving Success at Work and in Life One Conversation at a Time

ISBN 978-7-5057-4430-1

Ⅰ. ①关… Ⅱ. ①苏… ②闫… Ⅲ. ①心理交往—通俗读物 Ⅳ. ①C912.11-49

中国版本图书馆CIP数据核字（2018）第161894号

著作权合同登记号　图字：01-2018-6123

书名　关键沟通：如何解决难题，不伤感情

作者　[美]苏珊·斯科特

译者　闫　佳

出版　中国友谊出版公司

发行　中国友谊出版公司

经销　新华书店

印刷　三河市文通印刷包装有限公司

规格　700×980毫米　16开
　　　　19印张　145千字

版次　2018年9月第1版

印次　2019年1月第2次印刷

书号　ISBN 978-7-5057-4430-1

定价　45.00元

地址　北京市朝阳区西坝河南里17号楼

邮编　100028

电话　（010）64678009

如发现图书质量问题，可联系调换。质量投诉电话：010-82069336

Fierce Conversations

目录

虽然许多人害怕“真实”，但我们最应该害怕的，恰恰是不真实的对话。不真实的对话会让个人、组织都付出沉重的代价。没有谁必须改变，但所有人都必须参与对话。如果对话是真实的，那么，在对话的过程中，变化就出现了。每一轮对话都尽量真实，它能帮助你基本上达到自己的目标。

我们工作、人际关系和生活的成败，往往来自一轮对话。虽然没有任何一轮对话必然能改变一家公司、一段关系或一段生活，但任何一轮对话也都具备这样的潜力。对话的时候，不管是说还是听，都要把它当成这是你俩进行的最重要的一轮对话。它绝对有可能是。要把它当成大事去参与。它真的可能是一件大事。

对领导者而言，压根儿没有“无心之语”这回事。你自己说过就忘的几句话，却可能对某个需要你指点或认可的人造成毁灭性影响。谈话不是跟关系有关，谈话本身就是关系。学会不带情绪负荷地传递消息，能让你说话保持清晰，满怀信念和同情。

Fierce Conversations

推荐序

肯・布兰佳

一轮对话决定了我们生活的成败，这是个常识性的概念，也是个很有革命性的概念。说它是常识，是因为我们所有人都有过对话深刻改变自己事业或个人生活的经历（姑且不管这种改变是好是坏）。说它是革命，因为任何 MBA 课程里都找不到有关对话的课程。可谁没遇到过这样的事呢？——因为搞砸了一轮重要对话，不得不耗费大量时间和精力来善后。由于没有及时沟通，使得客户深感懊恼，或让心爱的人受到伤害——我们当中有谁没为此后悔过呢？反过来说，我们大多数人也有过这样美好的体验：一轮对话大获成功，让我们兴高采烈、心花怒放地期待下一次。

人们经常把收获了多少头衔、财富，结交了多少名流视为成功的准绳，却很少留意到，一轮对话在推动、影响我们事业和生活的目标上蕴含着多大的力量。好在这样的状况马上就会有所改变。苏珊・斯科特正在着手帮助我们用对话改变生活——让每一次的对话都成为关键的转折点。

如果你没有时间通读本书，那实在太遗憾了。但你很幸运，接下来我会简短地概述一下本书的精华。而且，帮人帮到底，我会为你总结出这本奇书的精髓。作者在书里是这么说的：

人生的成败总是渐进的，可到了某个转折点，一场对话会突然冒出来，一锤定乾坤。虽然没有任何一轮对话必然会改变你职业、生意、婚姻或生命的轨迹，但任何一轮对话都具备这样的潜力。**对话本身就是关系。**

本书将提高你的洞察力，让你掌握技巧，使每一轮谈话都发挥出它应有的效果。你准备好了吗?

前言

Fierce Conversations

你是怎么破产的呢？分两个阶段——先是渐渐地衰败，然后一下子就跌到底了。

——欧内斯特·海明威，《太阳照常升起》

你翻开这本书，或许是因为你跟同事、家人的对话常常达不到你想要的效果。我曾和多位行业领袖做过 1 万多小时的一对一谈话，跟来自各行各业、遭遇人际关系与生活方向问题的男男女女开过无数的研讨会。我深信：我们的工作、关系和生活的成败，无不是先慢慢酝酿发酵，尔后，因为一轮对话一下子成了定局。

我还意识到，尽管没有哪一次对话必然能改变企业、事业、婚姻或人生的轨迹——但任何一次对话，也都具备了这样的潜力。

本书将指点你应对最严峻的挑战，改善所有事关你成功与幸福的人际关系。它提供的原则、工具和作业，旨在帮助你完成首要的关键沟通，甚至你眼前最棘手、最重要的对话。到本书末尾，你将掌握娴熟的技巧，通过一次次的对话，塑造出种种回报价值极高的职业与个人关系。

不管你是打算保持生活中的积极成果，还是逆转败局，把所有必须进行的对话都设想一遍，不免会让人略感沮丧。所以我们先暂时避开那可怕的“沟通”领域。我希望你一次只思考一轮对话，就从你身边站着的那个人开始。或许，在你和你想要的东西之间，只隔着很少的几轮对话。

我们会按章节逐一探讨各条原则。一旦你掌握了窍门，拥有了勇气和技能，更重要的是，享受到了关键沟通带来的好处，你就再也不愿重返老路了。它可以改变世界，当然也会改变你的世界。

如果“眼下”有麻烦

对自己耐心些。你是经历了一次次的对话才来到眼下这般田地的，那么，不妨再通过一次次的对话，让家庭或工作上所需的改变慢慢地浮出水面。

有时候，“这般田地”的出现，非你个人所能左右。2001 年，高科技股泡沫破裂、经济崩溃、企业裁员和恐怖袭击轮番上演，我们个人和集体的现实瞬间骤变。经历过这一幕，人很容易得出悲观的结论：生活充满太多不可预知的东西，除了坚持下去、蒙混到底，就没什么可做的了。

也许你耳边响起了长鸣的警钟。你失去了最大的客户——占你净利润的 40%。也许你失去了最有价值的员工。也许你丢掉了工作，而且不是因为大规模裁员。你丧失了团队的忠诚度。你持续了 18 年的婚姻破裂了，你家庭的凝聚力消失了。

那些面对挑战的人和组织到底是怎么想的呢？你现在就能体验一番：举起你的右胳膊，伸出食指，在脑海里把它指向那个妨害了你职业或个人生活的家伙。这就是所谓的“推脱责任”（accountability shuffle）。是他，是她，是他们——对我做了这一切。

指责别人不是办法，它也不是能让你躲进去自以为安全的防空洞。只要你反省一下自己是怎么走到了如今这样令人失望或艰难的局面，想想那个具体的时间或地点，你大概就能够非常生动详细地想起当初启动这一切的那轮对话，正是它，最终把你带到了眼下这般田地。很可能，你是因为一轮失败的对话撞上南墙的。

扪心自问吧：“我怎么会来到了这儿？我是怎么失魂落魄地陷在了一家公司、一个角色、一段关系、一段人生里的？我是怎么迷路的？”

太多次，我听到别人说“我们从来没能指出真正的问题，从来没有面对过现实”，或者是，“我们从来没说明自己的需求。我们从未告诉彼此自己的真实想法和感受。最终，我们需要谈的事情太多了，车都被压垮了，轮子从车身上飞了出去”。

2002 年 2 月，罗伯特·凯泽（Robert Kaiser）和大卫·奥特维（David Ottaway）为《华盛顿邮报》撰写了一篇文章，讨论美国和沙特阿拉伯脆弱的外交关系。老布什总统的国家安全顾问布伦特·斯考克罗夫特（Brent Scowcroft）说：“我们（美国和沙特阿拉伯）特别理解对方吗？……恐怕不是。而且，我想，在一定意义上，我们大概还回避讨论双方之间真正的问题，因为这是一段非常客气礼貌的关系。我们基本上不怎么往深处谈。”

把手指指向你自己的鼻子时，一切的解决办法从这里开始。这才是负责任的立场。如果你想朝着更好的职业或个人生活前进，就把那些至关重要的对话找出来，拿出你所有的勇气、魅力和敏感性去解决它们。

如果“眼下”很美好

从积极的一面来看，如果你终于拿下了竞争对手拼命争抢的大客户。你成功招募到了宝贵的新员工。你发现自己的团队投入了最深层的承诺。或者，你得到了晋升，享受着一段极为充实的关系。你对自己的生活有着清晰的目标，充满热情。

你一步步地来到了人生的这个好地方，走上了这条令人满意的职业道路，进入了这段绝妙的关系，尔后，通过一次成功的对话，一锤定音。此刻，你打定主意，一定要跟事关你成功与幸福的人不断进行高质量的对话。

如果你想在家里或者职场上得到更好的结果，你找对地方了。等你读完这本书，拿出勇气，使用我们共同探讨的这些工具，你将做好准备回到职场同事们的身边、家里的伴侣身边，更重要的是，你将回归自我，去参与能深刻改变你人生的持续性、开创性的对话。

说实话，有人曾建议我写两本书，一本讲职场中的关键沟通，一本讲家庭中的关键沟通。这是个颇为诱人的建议，但我认为把素材一分为二是错的。你或许以为，我们会看人下药，做出不同的反应，我们在工作和家庭中的角色完全不同。也许，你激烈地关注着职场上的对话，但一回家，你就陷入“对话”昏迷状态，你认为家里没有什么新鲜有趣的事情可以讨论，你更喜欢电视遥控器的陪伴。也许，你一离开家，就从一个温暖、好玩和真诚的人，变成了办公桌前的机器傀儡，你不敢表露真实的自我，宁肯被人看成企业猛兽的可怜饲料。也许，你告诉自己，工作对话跟家里的对话必然大不相同。工作对话必须有工作对话的样子。但事实并非如此。

"我们的应对方式因人而异，职场和家庭对话完全不同。"——这样的概念，我们必须尽快抛弃。

挤压橙子，会出来什么东西呢？橙汁。为什么呢？因为橙子里有橙汁。不管你把橙子放在会议桌上，还是厨房的水槽边，橙子就是橙子。它不可能在家里挤出的是橙汁，在职场上挤出的却是番茄汁。

如果被挤压的是我们（事情的进展不顺利），会挤出来什么东西呢？我们内心里所装的东西。假装私人生活里发生的一切能打包密封起来，工作时锁进车库里，那是胡说八道。它会从四面八方往外漏。我们是什么样的人就是什么样的人，不管在哪里。所以，如果你在职场上的对话带来了令人失望的结果，我敢打赌，你在家里也会碰到类似的结果。在职场上进行一场振奋人心、成果斐然的对话，其所需要的原则和技能，跟在家里完全相同。

对话就是关系

诗人兼作家大卫·怀特（David Whyte）指出，一轮对话决定了我们生活的成败。几年前，在TEC国际组织年会的主题讲演中，大卫说，在典型的婚姻关系里，刚结婚的年轻男性，经常会深感沮丧——那个自己有意与之共度余生的人，似乎再一次地想要谈上个周末双方才刚谈完的事。事情大多涉及两人的关系。可怜的男人想知道，为什么我们又要谈这个？我还以为我们已经解决了呢。我们才刚刚就两人的关系做过天大的一番对话，能不能消停一两年啊？

对话本身就是关系。如果对话停止，关系中蕴含的一切可能性就会变得越来越渺茫，关系中双方当事人的一切可能性也会变得越来越渺茫。直到有一天，我们又一次展开3分钟空洞乏味毫无意义的对话，我们只能从只言片语里体会自己的用意，我们在每一轮相遇中都缩手缩脚，如同自己的空间就只有脚下踩的那么一丁点儿大——这段关系终于寿终正寝。

如果我们在工作上、在家里一味妥协，如果我们降低谈话的频率、减少谈话的内容，更重要的是，减少我们为谈话所付出的真诚之心——那么，这一点一滴的退化，就是一场致命的缓慢滑坡。某公司的总裁出了名地喜欢打断他人的坦率意见，他总爱这么说："霍华德，我想，这可不是什么能提升事业的反应。"

幸运的是，这么夸张地冒犯沟通一般性原则的领导者不多。然而，许多工作团队（以及夫妇）都有一份"不讨论主题"清单，他们会不惜一切代价回避讨论这些事情，以求维系些许的宁静，保护这段关系。其实，正是因为这些各方一心回避的对话没能进行，他们的关系才逐渐恶化。如果滑坡已经持续了好几年，把它提升起来是很困难的，不少人也就这么卡住了。

在重要的关系里，在职场上，在跟自己的对话里，我们希望说出真相。我们希望能够成功地攻克那个让彼此疏远、让彼此进退两难的主题，但这个任务太艰巨了，我们不知道怎样才能不让对话重新落入失败的田地，再说，我们也学会忍受它了。何必为了解决棘手的事务、回应宏大的问题，就搞砸跟同事的会议、跟伴侣相聚的周末呢？我们很累了，只想求个清净。

问题在于，不管你是经营一家企业，还是经营自己的生活，你都必须对世界给予回应。这一回应往往需要改变。我们通过调动自己和他人，投入生猛的对话，进而影响变化。

我们跟同事、客户、孩子、其他重要人物进行的每一轮对话，不是在巩固双方的关系、使之顺畅，就是在削弱它。有鉴于此，你希望为对话、为对你最重要的人带去什么样的言语呢？投入多高的关注呢？贯穿本书，我们将探讨有助于调动对话、丰富关系的原则和技巧——不管对话的主题是多么敏感，多么具有挑战性。

什么是关键沟通?

但什么是关键沟通呢？用个最简单的话来说，关键沟通指的是我们走出自我，投入对话，让对话变得真实。

很多人都害怕“真实”，但我们真正应该感到害怕的，恰恰是不真实的对话。要是有人以为“说比做容易”，那就错了。不真实的对话对企业、个人，都有着昂贵的代价。每一家企业都想感受到，它正跟员工、跟客户、跟自己所属的领域、跟这个领域里新兴的未知未来进行着真实的对话。每个人都希望进行一场让自己的世界有意义的对话。

如果你是一位领导者，你的任务就是完成企业的目标。在当今的职场，你应该怎么做呢？大体而言，你要让自己做的每一轮对话都尽量真实。今天的员工把自己视为主人公，视为投资人。他们是时间、精力和专业技能的主人。他们愿意投入这些东西，去支持自己信任的人、理想和目标。你必须拿出点真东西，赢得他们的信任。

我反反复复目睹：如果对话真实，那么，还没等到对话结束，改变就出现了。

保持真实不是冒险。真正的冒险是：

> 我将为人所知。
>
> 我将为人所见。
>
> 我将有所改变。

想想看，有什么样的对话（跟老板、同事、员工、客户，跟丈夫、妻子、父母、孩子，或者跟你自己），你一直不能够或不愿意进行，但如果进行，却有可能改变一切呢？

这本书是怎么产生的？

13 年来，在 TEC 国际的支持下，我和企业领导者们有过多次共事。这是一家致力于提升 CEO 效力、改善其生活的组织。来自 18 个国家的数千位 CEO，每个月都会跟像我这样的顾问做一轮一对一的谈话，着眼于他们的企业和生活——从预算、战略、收购、员工和盈利能力，到摇摇欲坠的婚姻、健康问题，或者一团糟的孩子——无所不谈。

在一年当中，我会跟每一位 CEO 进行 12 轮对话。由于时间是 CEO 最宝贵的商品，我们在一起所度过的时间必须具备迥然有别于他人的质量，这一点非常关键。每一轮对话都必须完成一些有用的事情。我的成功，还有我同行们的成功，取决于我们调动领导者参与对话、唤起重要变化的能力。

起初，我参与的许多对话远远谈不上激烈。它们有些用处，但我们会停留在相对熟悉、安全的领域。坦白说，有些对话很蹩脚。没有胆量，没有荣耀。我甚至中途放弃了。我不是下不了决心去批评，就是看着对方脸上怜悯的表情。我根本记不得这些对话了。它们没有什么持久的影响力。我相信，我的对话搭档们也这么想。

我记得的只有激烈的对话。我记得我们的对话主题、当时的情感、脸上的表情，就好像我们通过提问、大声说话，一起创造出了能量场。对话的结果自然促成了事情的发生。

每当人们问我是做什么的，我总是告诉他们，我为企业领导者主持智库，跟他们一对一地做工作。但那是冠冕堂皇的好听说法。我真正做的是把来自对话的亲密邀请传达给客户。而我的任务是，让每一次的对话都尽可能地真实。

随着我在关键沟通上的实践变得日益具有说服力，我想象自己变成了对话绘测师，为我自己、为那些想要加入我的人，绘测出一条走向深刻真实的道路。和我共事的 CEO 们变得越来越坦诚，而坦诚又带来了不断增强的自由、活力和效力感。最成功的领导者们不约而同地决定，要跟自己进行一场持续的关键沟通，关注自己的工作和生活，从而实现高度的真诚、正直、情感诚实，并带着更大的包容度去忠于自己的愿景，调动其他人参与。

来自世界各地的同行请我举办研讨班，传授进行这种关键沟通所需要的技巧，这就需要我向自己清晰地阐明所用的方法。1990 年，我举办了自己的第一次研讨会。

1999 年 1 月，我又组织了经过重新设计、惊人“激烈”的研讨班，参加的 16 位杰出人士来自 7 个国家。在我的研讨班里，没有角色扮演，没有人假装成另外一个人。没有人讨论想象出来的虚构议题，它是彻底的本色演出。所有与会者都拿出真我参与对话，把真正的、当前的、重要的议题作为训练环节的焦点。做完一轮练习后，一位来自英国泰恩河纽卡斯尔的同事迸出了眼泪。

“我一辈子都渴望着这样的对话，”他说，“但我一直以为这是不可能的。我想，我再也受不了没有进展的对话了。”

与会者把研讨班带给他们的冲击通过电子邮件告知了他人，讲述他们应用所学原则和工具，跟同事和家人取得了喜人的结果。消息传开，报名者越发踊跃。每一次后续研讨班都有着长长的申请人名单，每一轮研讨班也都推进得更为深入。企业客户邀请我跟他们的重要高管共事，在公司内部鼓励勇敢地对话。

2001 年 11 月，我坐在悉尼歌剧院里，却习惯性地想系紧安全带——这一刻，我意识到自己的行程表安排得太满了。但我和客户们的工作值得我这么做。随着时间的流逝，我认识到，我们正在探索核心原则，一旦你投入这些原则，它们能极大地改变生活……一次只要一轮对话。关键沟通事关道德勇气、清晰的要求和采取行动。而激烈是它的一种态度，一种开展业务的方法，一种领导的方法，也是一种生活方式。

很多时候，我听到人们这样说：“你的工作极大地改善了我们领导团队应对、解决棘手挑战的能力。你的实用工具让领导者们变成了触发积极改变的关键沟通代言人。”或者是：“你帮助我调动了公司员工，让他们夺下了竞争优势地位！”又或者：“一场关键沟通就像第一次飞行跳伞。你满怀期待，却又一身冷汗，口水都咽干了。一旦你离开飞机，猛冲的感觉让人热血沸腾、难以形容。”还有这样的：“这个周末，妻子和我做了10年来最棒的一次对话，感觉就像再次坠入爱河。”

一开始，这本书只是研讨班学员要我分享的课堂笔记。但随着我们所做之事重要性的逐渐显露，人们要求得到更多的素材和资料。在客户和同事的不断敦促下（“写下来！这可是能改变人生的东西。”），我开始整理笔记，把10多年来实践的方法付诸书面。下面的内容只是一张路线图，每一位读者的旅程都要你们自己去探索。

上路吧

这里是我希望你做到的事。倾听你自己，如同你以前从没这么做过。

一开始，倾听那些你回避、改变的主题，倾听你欲言又止的地方，倾听你撒的小谎（还有大谎），倾听你不准确的用语，甚至倾听那些连你自己都不感兴趣的东西。当你内心有什么东西在说：“这是个关键沟通的机会。”你暂停一下，长出一口气，从自己的背后走出来，进入对话，让它真实起来。每天至少一次。说你真正相信的话。比方说，我朋友埃德·布朗有时会在对话中间说：“我刚才说得不完全正确。让我试试能不能说得更贴近我真实所想的意思。”我会专注地听他接下来说的话。

当你从自己身后走出来进入对话，让对话变得真实，从这一刻起，应该发生的事情，必然会发生。它有可能进展顺利，也可能会碰到些小颠簸，但至少，你已经扑上去了。你今天会至少说一件真正的事情，一件对你而言真实的事情。从这一刻起，某种东西会切入运行状态，你也将有所成长。

我会逐章向你讲述关键沟通在个人和职业等不同领域引发转变的故事，它们全都是真的。我会告诉你，60 秒关键沟通改变了一位朋友的生活。我会解释：什么是关键沟通，什么不是？为什么关键沟通如此少见？为什么你会想要进行关键沟通？怎样进行？一旦你获得勇气、掌握了技巧，逐渐享受到关键沟通带来的好处，它就会成为一种生活方式。确切地说，是你的生活方式。让我们上路吧。

原则一

拿出勇气，拷问现实

工作和生活中，现实最大

Fierce
Conversations

任何计划都必然要与现实相互碰撞，而现实又常常改变，职场也好，家庭也好。市场和经济会变化，战略需要调整。人会变，同事、客户、配偶、朋友都在变，而且他们变了之后也并不记得通知大家。我们随时都在变化，可我们不仅不告诉别人这一点，还很擅长遮遮掩掩——甚至连自己都瞒过了。

{上}

生活弯弯曲曲，别想着把它弄直了。

任何计划，一跟现实碰撞，莫不灰飞烟灭。问题在于，现实总是在工作和家庭之间来回切换，让我们美好的幻想变得七零八落。**一般而言，赢的总是现实**，无论是市场的现实、伴侣需求变化的现实，还是我们自己身体或情感福祉的现实。

事情总是在变化。世界在变，你我在变。公司同事、生活伴侣、朋友和客户都在变。我们无时无刻不在变化之中。一如剧作家莉莲·赫尔曼（Lillian Hellman）所写："人总在变，但却总是记不住互相知会。"我们不仅会忘了告知他人，还擅长向自我掩饰，也难怪人际关系要土崩瓦解。

对一个公司而言，召开年度战略规划会议的传统做法已经过时了。高管团队花上两天时间闭关讨论，确定目标，推出一份行动方案，并说"今年就照这个办"——这一套行不通了。

团队成员必须每个季度碰头，解决同一个问题："自从我们上次见面，情况发生了什么样的变化？"一位公司总裁最近承认："我希望牢牢把握现实，但现实总是在变化。"

按照商业咨询顾问罗伯特·布里奇斯的说法："高明地监管不可预见之事。"我们充其量只能做到这个。事情总是在不停发生，内部的、外部的。有些事你能施加影响，有些事你无能为力。

捉摸不定的现实

自从跟企业领导者们开始紧密共事，我就清楚地知道，现实变化得有多快。占了你一半业务量的客户申请破产了。你最有价值的员工被挖走了。你的竞争对手推出了一种既叫好又叫座的新产品，你却根本没做好与之较量的准备。新技术淘汰了你的产品或服务。经济跌宕起伏。你颠三倒四，迷失在复杂的企业目标和挑战当中。

或许你突然搞定了一个做梦都没想到的大客户，但却没有足够的资源满足对方的期待。

2001 年最后一个季度，白令海一家捕蟹公司的业主收到了两倍于平常的日本客户的蟹肉订单，忙得不可开交。为什么需求猛增呢？原来是"9·11"恐怖袭击之后，很多日本人取消了旅行计划，老老实实待在家里。既然待在家里，自然就会吃很多螃蟹啰！谁能料到恐怖袭击和蟹肉消费之间竟然存在这样的联系呢？

看上去，不管是销量太高还是太低，都会给公司带去压力。从个人的角度来说，**不管是得不到自己想要的东西，还是得到了自己想要的所有东西，都会让我们承受压力。**我们或有所失，或有所得，但不管怎么样，就是得不到幸福。

或许，你在生活的某个领域进入了全新的效力层面。日子过得就像是在学校里上你最喜欢的那堂课，天天都着急想要学新知识。你升职了，跟一个绝妙的人相爱了。总之，美好的事情发生了，你不想搞砸它。那感觉如同是你不但在期末考试中拿了高分，而且在同一天还中了彩票大奖——让人兴奋得有点惊心动魄。你得到了一份珍贵的礼物——激动人心的新现实！而且你清楚地知道这一点！可在你内心的某个角落，一个充满关爱的声音告诉你：“听好了，伙计，你最好做些真正的改变，要不然，这笔交易就拉倒！”

面对现实吧。世界是没法管理的。生命弯弯曲曲，别想着把它弄直了。

我们都生活在自己看到的现实里

不管你是正在经营一个企业，还是正投入一段恋情，你都会发现，如果不能定期对现实情况进行彻底地审视，就始终无法倾尽全力去实现“团队”目标。你完全明白这一点。可描述现实往往是件复杂的事情，让我解释一下这是什么意思。

把你的公司想象成一个沙滩球。沙滩球上有红条纹、绿条纹、黄条纹和蓝条纹。假设你是公司的总裁，你每天都住在蓝条纹国度里，日复一日。如果有人问，你的公司是什么颜色，你看着自己脚下，说："我的公司是蓝色的。"

你怎么知道的呢？因为蓝色包围着你。你打开抽屉，里头全是蓝色。你拿起电话，听到的是蓝色。你走在大厅里，看到的是蓝色。每天你在蓝色里吃、喝、呼吸。从你站的地方看，公司的的确确是蓝色。

现在，你要去开会了，布置战略，推出令人兴奋的新项目。当然了，你会解释说，这一战略考虑到了公司的蓝色特质，非常精彩。

你的首席财务官专心倾听，她眉头紧锁。她住在红条纹的国度，整天都沉浸在红色里。现金流很紧张。她深吸了一口气，大胆进言："我为这个项目感到高兴，但听你说我们公司是蓝色的，我想知道你是否研究过我们最新的现金流预测。这些天来我对付了好些红色，我们能谈谈这个问题吗？"

虽然许多领导都不喜欢反对意见，但你不一样，你说："好，把红色问题放在桌子上，我们来看看。"辩论随即开始，蓝色、红色，蓝色、红色，蓝色、红色……

这时候，你的生产总监也坐不住了。他住在绿色条纹国度里。他想："天哪，哦，天哪。推出新项目的时机再糟糕不过了，但每一次我说出自己的担忧，别人都觉得我在故意唱反调。而且，现在马上就到午饭时间了，要是我再掺和进去，把讨论弄得更复杂，肯定没人喜欢。"

你的工程副总裁住在黄色条纹国度里，持有强烈的反对意见，但过去的经验告诉他，观点的差异会让人提高音量，引发强烈的情绪，吵到最后，有人就死定了。根据他的经验，对有些人来说，双赢的意思就是我赢，我又赢了。上一次，他没能克制住自己参与了一场大辩论，结果团队里声音最大的成员吃了枪子儿。于是，这位掌握了重要信息的关键高管，完成了一桩惊人的壮举。他缩身化为亚原子粒子，消失不见了。

你知道，真有这种事。想想你以前参加过的每一次会议，快结束的时候，你总记不得工程副总裁是否在场。他在场，只不过他隐身了。有些人特别精通隐身术。他们可能很有才华，可令人失望（且不快）的是，他们不是鱼，也不是钓饵，他们既不冷，可也不热。充其量，他们表现得客客气气，但无动于衷。

大家都赞同时，可能意味着没人说真话

有一家公司，一开会就隐身的能力非常普遍。想象一位领导正在会议桌的一端滔滔不绝地发表意见。她认为现行战略很高明。和所有优秀的领导一样，到了恰当的时候，她会适时地让人们有机会给予回应。比如她可能会问："那么，你们怎么想？"

会议桌边鸦雀无声，安静得很不自然。就像暴风雨前的宁静，鸟儿们不再叽喳作响，树叶也一动不动，天空乌云密布，暗示一场大雨将至。人们的眼睛都朝着桌子上看。每一个人都拿出了隐身术，想要躲开领导的雷达扫描。过了一阵，某个隐身术不如其他人娴熟的可怜蛋，被领导点了名。

"吉姆，你对这个计划怎么想？"

吉姆脸上的表情，就像猫咪缩在小盒子里一样，十分渺茫疏离，仿佛是在暗示，他并不身在现场。然而，领导等着吉姆开口说话，他必须得说点什么。

吉姆点点头。他的头一上一下地动弹，眼睛却盯着会议桌上的某个点。

领导笑了。

“那么你呢，伊莱恩？”领导继续抽问。伊莱恩钻进了同一口小盒子，脑袋耷拉着，眼睛躲闪着。她点点头。随着领导扫视全场，会议桌旁的每一个人都如法炮制。

全员点头。

领导满意地总结说：“很好。我们星期一开始执行。”

在漫画里，人物的想法都以气泡的形式悬在头顶，表达他们内心未经过滤的真实念头。我们喜欢《呆伯特》（*Dilbert*）系列漫画，因为里头的人物想到什么就说什么，而且他们所说的，往往正是我们内心所思所想。

如果我们能够读到围坐在会议桌边所有人（也就是那些负责执行该战略的人）头上的悬浮想法气泡，我们看到的大概会是：“我们怎么可能做得到？这可真是疯透了！”或者：“这家蠢蛋公司快要垮了。我最好赶紧把简历找出来粉饰一下。”要不就是：“我真想干脆买张票玩消失算了，不知道我家里人会怎么想呢？”

我们不知道人们在想什么，除非他们说出来。就算说出来，也不能保证他们说的是自己的真实想法。然而，如果你去问问看，大多数人会发誓说，自己想听真话，哪怕真话难听。

我有个做高层主管的朋友，很多人都很怕他。最近，他提拔了一个很有胆量的员工。这人提着一大桶沙子走进我朋友的办公室，把沙子倒在地毯上。“见鬼，你在干吗？”朋友怒道。

员工回答说：“我只是想帮帮你，让你更容易把脑袋埋在沙子里。我反反复复对你说起的话题你总是避而不谈。”

可以想见，这名员工要不是真心认为公司正要走上绝路，万万不可能做出如此胆大妄为的举动。他盘算了一整夜，认定自己必须对公司、同事和客户负责，要么让领导听到自己的意见，要么还不如离职。他告诉老板：“所有人的头等要务都满满当当，可我担心，我们在回避真正棘手的事情。”

这一出格举动之后，公司开展了对话，拷问了现实，激发了学习，解决了一个严峻的挑战，让双方的关系变得更脚踏实地。也因为这件事，公司做出了必要的调整，避免了一场潜在的灾难。

如果你处在类似的局面下，我倒不会建议你去买一桶沙。但你一定要意识到，**我们内心有些东西跟那些不迁就我们、不纵容我们、不肯妥协，简单直白且令人信服地描述现实情况的人有着深刻的共鸣。**我们透过他们的描述看到真相，情不自禁地只能承认。

如果你是够资格配得上这桶沙的老板，你或许会有些埋怨地自我辩护：“我投入了全部的精力，竟然只是一厢情愿，吃力不讨好。”事实上，可能是你自己导致了这样的结果。

诚恳地问问自己

家里的客厅也会出现如同会议室里那样的全员点头。**公司和婚姻暂时或者永久性地脱轨，都是因为人们不把心里真正在想的事情说出来。**没有人真正在问，也没有人真正回答。问问你自己：

· 我跟人交谈的时候，我的目标是什么？我通常讨论什么样的事情？有没有其他更有趣的主题？

· 我是不是会为了表示礼貌而说些言不由衷的话？我经常这么做吗？

· 在我参加过的会议里，有多少是我明知真正问题没得到讨论的？我婚姻里的谈话又如何呢？我们在回避什么话题？

· 如果我可以提出 3 个问题，并且保证能得到对方诚实的回答，我会向谁提问？问些什么？

· 在我的记忆中，有多少次，团队成员或员工把他们真正的问题放到桌子上，想要进行真诚的对话？我在家里的对话又如何？我和伴侣彼此之间的诚实度如何？

· 我上一次说出自己真正的想法和感受是在什么时候？

· 我会怎样描述我管理团队的合作、协同和问责程度？我的家人之间呢？

· 我所在企业的领导者，对哪些事情假装不知情？我的家人对哪些事情假装不知情？我自己对哪些问题假装不知情？

· 我的团队成员是否坚定地致力于相同的愿景？我对此有

多大的把握？我的生活伴侣是否坚定地致力于对两人未来的憧憬？我对此有多大的把握？

· 我上一次在工作或家庭中就行为问题跟对方对峙，结果展开了一场丰富了双方关系的对话，那是在什么时候？

· 如果企业内部对话的结果是什么也没有改变，这对我个人的成功和事业意味着什么？对我所在的部门、重要的客户、企业的未来又意味着什么？换到我的婚姻上，情况如何？如果什么都没有改变，这对身为夫妻的我们意味着什么？对我个人意味着什么？

· 有什么对话，我没有能和高级管理人员、同事、直接下属、客户、生活伴侣，特别是我自己（以及我的展望）进行的？如果我能进行这种对话，它或许会让情况完全不同，改变一切。

· 如果我跟自己生活中最重要的人（包括我的伴侣和家人）之间的所有对话，都成功地拷问了现实，唤起了学习，解决了棘手的挑战，丰富了彼此的关系，它能给我的生活质量带来怎样的不同？

真相有不同的版本

如果认为我们每个人都需要说出真相，这未免太过想当然。执教了几十年诚信研讨班的威尔·舒茨（Will Schutz）认为，真相其实很擅长“化繁为简”，在人人都愿意说出真相的氛围之下，人际关系和组织都会变得单纯、清晰起来，而且充满动力。不过，舒茨也承认，真相本身远非如此简单。

稍停片刻，让我们好好想一想这个道理。说到底，什么才是真相呢？谁的手里拥有真相呢？

我们每个人认为的真相，只不过反映了我们自己对现实的看法。一旦现实发生变化（现实什么时候不发生变化呢？），我们又忽视了现实的不同版本（还记得前文沙滩球的例子吗？），把脑袋埋在自己熟悉、喜欢的现实里，很可能会遭遇失败。或许，以往我们以为是真相的东西，在今天的环境下已经不再是真相。

大多数人相信，有些人就是没法交流。对此，举例来说，爵士乐手路易斯·阿姆斯特朗就说过："有些人，如果某件事情他们不知道，你可千万别告诉他们。"多年来，经历过无数次失败的对话，我们有这样的想法，完全是可以理解的。

然而，根据我的观察，这很可能是因为我们跟人说话的方式方法不对头。我们跟"棘手"的人说话的技巧不管用，但有别的技巧能奏效，而且用不着亮刀子或者发出最后通牒。这种时候，是我们对什么能说、怎么说、对谁说的信念出了问题，挡住了我们的去路。如果我们改变这一看法，就能轻松地促成富有成效的对话。

什么样的真相最适合当下

该怎样拷问现实呢？我们大多数人认为，大多数时候，坚守自己认定的现实（也就是沙滩球上的一种颜色条纹）比较容易。然而，我们的竞争优势来自从不断变化的现实中学习，做出快速响应。如果我们接受多重现实，就能创造出此前不曾存在的各种可能性。

现在的问题是：对公司是什么颜色这一点，真相掌握在谁的手里呢？

答案是什么？

公司里的每一个人，包括初级档案文员，都对“公司是什么颜色”掌握着真相的一小部分。“一小部分”是关键词。任何人，甚至CEO，都不曾掌握完整的真相，因为任何人都不可能随时出现在所有地方。

当然了，这也适用于我们的个人关系。我们每个人都对自己的婚姻状况了解一部分的真相，我们的伴侣也了解自己的那一部分真相，我们的孩子也是，如果家里的宠物狗说它也了解一部分，愿意提供一两条建议，我也并不惊讶。

互相角力的多重现实同时存在：这是真的，那是真的，其他的也是真的。一如作家安妮·拉莫特（Anne Lamott）所写：“现实复杂得不近人情。”

既然任何企业都不存在唯一的真相，那么问题就成了“什么样的真相最适合今天”。向所有人展示，欢迎所有人的声音，会议桌上人人都有发言权，这样的做法，更方便我们找出今天最需要弄明白的真相。

不管我们的专业领域是什么，每个人对公司的某些方面都有认识、有理解，与此同时，每个人或许都知道公司可以用一种更好的方法去做某件事，但任何一个人的所知，绝不可能超过所有人想法的总和。我听到有人说：“我们需要杜绝一开会就把头埋起来的做法。”我认同，并且，我认为关键沟通是解决“自以为是”的好办法。

在本章稍后的部分，我会向你介绍一种拷问现实的有效对话模型，适用于任何人、任何主题，家里可以用，职场也可以用。但首先要记住，**关键沟通的目标是，把所有人眼里的现实摆在桌上，以便进行拷问。**

许多企业领导者一想到这一点，就忍不住发牢骚："花时间拷问每个人眼里的部分真相——那可得花上一辈子！我还得经营企业啊。关键沟通太花时间了。"

事实上，这不一定。我碰到过只持续短短几秒钟的关键沟通（后文细说）。但的确，关键沟通很多时候都耗费时间。

大多数领导者都从经验里了解到，除非弄清关键人物眼里的多重（有时甚至互相冲突）现实，否则很难果断地执行计划。**在职场，在家里，你越是拒绝（甚至禁止）探讨不同的现实，你就越会把时间、金钱、精力和情感耗费在事后收拾烂摊子上，因为人们认为自己的经验、观点和强烈的信念没有得到组织的重视，他们心怀怨念，在暗中狠狠搞砸了你的计划。**

拷问现实的三个阶段

拷问现实分为三个阶段：1. 拿出提议；2. 核实理解；3. 核实赞同。

首先是把问题摆到桌面上，如果你心里有解决方案，把它提出来。换句话说，这就是我们今天要讨论的问题，这就是我从自己所占位置看到的现实。清晰、简明地说出来。"问题如此这般，我的建议是这样那样。"

另一种方法是，先不说自己怎么想，等别人说出自己的想法之后再一起讨论。不过，我发现，**如果能先提出一个明确的想法供大家思考和讨论，对话局面是最容易打开的**。如果你并没有解决方案，那就单纯地指明问题，继续推进。

第二个阶段是核实理解。如果在场有一些见多识广但很谨慎的人，等你提出建议或者描述了问题之后，不要光是问："你们怎么想？"你还要请他们提问，确保大家理解你的意思。你可以这样说："在我们进行下一步讨论之前，如果有什么需要我澄清解释的地方，请尽管问。"如果你看到有人沉默不语但一脸困惑不解，你不妨主动问问看："艾莉森，你有什么问题吗？"

请注意，照我猜，你们当中有些人，在多年的职业生涯中，或许发现自己的团队里有个类似查尔斯·巴克斯特（Charles Baxter）小说《爱的盛宴》（*The Feast of Love*）里的人物，总是秉持"誓死中立绝不动摇"的态度。不管你多么真诚、和蔼地邀请他们发表意见，他们都一概拒绝。可是，因为他们在组织（或者家庭）里位高权重，除非把他们拉上船，否则就会挡住前进道路，就类似醉酒的司机撞到的那棵树："它光是杵在那儿就害死了你。"在本书的第四篇，你将学到一种谈话模式，依靠勇气和技巧来应对此种行为。

等你确认所有人都理解了提议，你就要问问大家是否同意，这是第三个阶段——核实赞同。

举个例子，你可以这么说："我相信应该走这条路，它是一条正确的行动路线。不过我猜大家也许有不同的看法，我想听听看。我知道自己对此事过分热衷，大家或许不愿打击我，但我的任务是尽力为组织做出最合适的决策，而不是说服大家相信我的意见。所以大家就毫无保留地发表看法吧。”接下来，你可以对会议桌边的人挨个点名。“莎拉，你怎么看？”“迈克，你的看法是什么？你能说说跟我不一样的观点吗？”

有时我还会用更加生动的语言鼓励团队挑战彼此的想法。“把鱼饵（观点、信念，或者挑衅性的问题）挂上，抛进溪流里，看看有谁来咬钩吧！如果你们不愿意建立松松垮垮、让人不满意的关系，那就向你的同事提出些有趣的观点，鼓励他们来挑战。”

提醒一下：如果有人接受你的邀请，对你强烈支持的观点提出不同意见，一定要忍住立刻替自己辩驳的冲动。很多时候，我观察到，团队回应了看似真诚的邀请，结果却被领导者条件反射般的辩驳给打垮了。在所有在场的人看来，这就好像是领导者在说：“显然，你没有理解我天才的想法。让我再来给你解释一遍。”如果我们犯了这种错误，我们就是在向所有人暗示：“我鼓励你们挑战我的想法，但你们可别当真。”

不要试图为自己辩解，而是设法更深入地了解对方的立场。你可以说：“多讲讲，迈克。请帮助大家理解你的想法。”

顺便说一句，仰仗经验丰富的人不见得总能有帮助。相反，要看那些掌握了最佳视角的人。事情发生时，谁刚好站在交叉口？谁离现场的观察距离最近？这个人不见得总是指定的领导者。此外，正好站在下游的人，是否会受到你所做决策的影响呢？

拷问多重现实能带来什么样的好处呢？好处是人们学会了思考。许多所谓的学习经验，并没有提供真正的思考机会。众所周知，开会无非是企图说服他人（员工、家人）认同老师（管理者、家长或者配偶）的结论。**只有当每一个人都积极探索不同的观点，真正的思考才会出现。**

随着谈话的进行，你或许改变了立场。如果现实得到了彻底的拷问，参与者们离开会场时，往往产生了开会之前任何一个人没有想到过的观点。

有时，敢于拷问现实的勇气，能把组织从毁灭的边缘拉回来。法国哲学家埃米尔·沙尔捷（Emile Chartier）说过："如果你只有唯一一种想法，那它就再危险不过了。"

非常重要的一点是，**拷问现实能让你获得组织内部对决策的承诺。哪怕人们不见得认同，仍然愿意接受它，因为你发现并尊重他们的观点，也因为他们真正理解了做出这一决策的由来。**

只描述现实，不责怪他人

如果我们都认同现实复杂，我们大概也会认同，来到眼下这般现实的过程（我们落到今天这么糟糕的田地，到底是因为什么时候、什么人、出于什么原因、在什么地方、做了什么事，等等）同样复杂。我们该怎么讨论它呢？我们该怎样讨论自己的错误和失败，又不让大家恼火、切入防御姿态呢？

以下这句话可供你参考：**"在任何情况下，谁能够最准确地描述现实，又不诿过于人，谁就能成为领导者，不管有没有正式的任命。"**

这是作家埃德温·弗里德曼（Edwin Friedman）的话。当然，说来容易，做起来难。

大多数人都会责怪别人。怪他做了那个，怪她做了这个，怪他们做了这个那个，或者是怪他们没能做这做那。这种找茬子的行为，必然会激起我们所有人的防御机制，故此也就关上了无摩擦辩论、寻找解决办法的大门。

几年前，我目睹了这样的一幕：

一家公司陷入了困难境地，任命了新的 CEO 负责整饬。我认识不少在该公司工作的人。新任 CEO 罗杰摊上了一桩棘手的任务。他前任的行为，伤害了员工的积极性。罗杰试图用铁腕领导风格力挽狂澜。

在许多人眼里，罗杰不肯听劝，事实上，任何挑战了他路线的人，都成了他的眼中钉。这些人愤怒又沮丧，担心新的领导班子跟前任一样恶毒。

员工们在走廊和私人办公室的谈话都流露出紧绷绷的情绪。新一轮的领导失败似乎不可避免。许多人都不再支持罗杰，他也有了一个难听的绰号：“活死人。”

在一次非正式聚餐会上，几名员工聊起了罗杰最近的失误。一名叫伊丽莎白的员工说：“我真想不通我们在这儿是在干什么。我承认，我也抱怨过罗杰，可坐在这里，我觉得挺惭愧的。在眼下这个时候引领公司，对任何人来说都很棘手，吃力不讨好。士气低落，收入下滑，客户投诉，我们的领导者正在全力以赴地带领大家穿越困境，抵达彼岸。我在想，我们能不能做些什么，支持他的工作？”

另一名员工回答说：“得了吧，伊丽莎白，没有人能跟罗杰说上话，他什么也不肯听。”

伊丽莎白说：“那么，我们怎样才能变成他听得进去话的那种人呢？也许我们需要改变自己的方法。我们对现行战略理解得怎么样？既然如今箭在弦上不得不发，我们大概也能学到一两样东西。”

餐桌边的氛围一下子变了，大家都开始掂量可能出现的前景，并提出自己的建议。第二天，伊丽莎白要求见罗杰，并用这样的言语展开了两人的对话：“我今天来是出于两个原因。第一，我要向您道歉，因为我在背后批评您，不曾给予您支持。我意识到，我之前的态度成了妨碍，所以，我想让您知道，今天我的态度大有改观。我想尽力帮助您。第二，我提议召开一场员工会议。您是我们的领导者，您需要我们的支持，我也希望您得到我们的支持。因为害怕遭到呵斥，人们本来有不少出众的想法却不敢说出来。我希望您能允许大家畅所欲言，向他们尽量详细地解释新一年里您的战略，以及您背后的想法。我相信，这对我们所有人、对整个公司来说，都是一个转折点。”

此后的几个月里，伊丽莎白推动公司实现积极转变，深受大家的尊重。

那么，在自己家里又该怎么做呢？

如果我们深爱的人做着破坏双方关系的事情，我们该怎样说明现实，却又不表现出责怪的意思呢？

我有个朋友告诉我她最近经历的一次内心挣扎。她和新交往的男友参加本地的一场宴会，“我们坐在露天啤酒广场的一张桌子旁边，邻桌的夫妇跟我们攀谈起来。我还没反应过来，本就跟那个女人热情地聊了起来。他背对着我，因为发现自己跟对方有不少共同的经历，显然聊得十分愉快。谈话的气氛不断高涨。终于，过了20多分钟，本扭过头，问我：‘我是不是有点忽视你了？’我相当辛辣地还口说：‘那还用说？’这之后，我们两人都不知道该怎么办了。那个下午剩余的时间，我跟本的互动十分紧张，我不喜欢这种感觉。本冷落了我那么久，让我很不愉快、很失望。但我并不想跟他打冷仗。我很担心，如果我把自己的想法说出来，一切就不可收拾了”。

随着谈话的深入，我的朋友吐露了自己内心的想法。

“我还在慢慢了解本，不过，我相信他真心在乎我。我想，他只是沉浸在谈话里，并不是要跟那个女人调情，我的内心戏跟他没关系。我一辈子从不觉得自己有必要争夺男人的关注。我本来可以加入谈话，但我没有。我也不认为自己会试着那么做。如果以后再碰到类似的情况，我会告诉本，这是我的问题。这或许有助于本更了解我，我也能更了解他。”

用这种方式对待感情路上的小波折，是多么优雅啊！没有责怪，只是把话说清楚：“这就是我的想法，我希望你知道。”

避免责怪他人，把“but”换为“and”

贯穿本书，你将获得很多工具，帮助你探索职场和个人生活现实周边的重要疆域。为了让你能够**更准确地描述现实，不再责怪他人，这里**

有一个简单而有效的技巧：从你的词汇库里删除掉“但是（but）”这个词，改用“而且（and）”。

比如，“我喜欢你的做法，但是……”变成“我喜欢你的做法，而且……”，后一种说法更容易为人所接受。

举个例子，跟员工对话的时候，通常事情会像这样：

> 我知道你希望再多些时间来完成项目，但截止日期迫在眉睫了。
>
> 你希望我在波士顿那边帮帮忙，但我只在西雅图有些许小权限能做些关键的事情。
>
> 我想帮你，但我眼下的选择都不容易。
>
> 你似乎压力很大，但我希望你能在我投入度最为有限的条件下按时交付这一项目。

换句话说，你说得没错，可“但是”后头的情况也没错。多重现实互相冲突，我要么选择这个，要么选择那个。对不起，你输了。

最近，在达拉斯举办的一场研讨班上，罗比·布朗（Rob Brown，他是一家公司的CEO）提出，“没错，但是……”的意思就是，“你的观点很重要，但要注意背后的含义”。

如果你把通常会用“但是”的说法都换成“而且”，对话就会变成这样：

> 我知道你希望再多些时间来完成项目，而且截止日期迫在

眉睫了。

你希望我在波士顿那边帮帮忙，而且我只在西雅图有些许小权限能做些关键的事情。

我想帮你，而且我眼下的选择都不容易。

你似乎压力很大，而且我希望你能在我投入度最为有限的条件下按时交付这一项目。

感觉好多了不是吗？对双方来说都是如此。这是真的，那也没错。多重现实不再竞争冲突，它们只是存在。**你拥有真相的一部分，我也拥有一部分。我们一起来琢磨琢磨该怎么办。**

练习“只描述现实，不责怪他人”

在接下来的24小时，在家里和职场练习只准确描述现实，不责怪他人。

为帮助你完成这次的作业，每当你想要说“但是”的时候，都用“而且”来代替。

这次的作业或许会让你大感纠结，但学习就是这样：要在纠结中学习。做好这一点，你的职业生涯将收获新的动力和活力。人们会打开心扉，家里的事情也会趋于缓和。

全身心地参与对话。毕竟，**你眼中的现实跟其他人的一样正确。请记住，现实不是绝对的，也不是我们只能被动接受的。**只要我们周到地对话题的方方面面进行考虑，局面就会逐渐清晰起来。

为了鼓励同事坦率地表达自己的观点，你或许可以用前文的“沙滩球”加以解释，并说：“我会告诉你们我的想法、感受，以及我的观点是怎么得出来的。我请你们也和我一样，如果你们不认同我的观点，请务必直说。我们的观点有分歧，这一点非常宝贵。毕竟，我们的目标是为公司做出最佳的决策，而不是坚持我们个人的观点。”

在人际关系中，这些话可以稍加调整，以适应不同的场合：“在我眼中，我们的关系就是这样的，我的感觉是这样。我真心想知道你的看法，尤其是你与我认识的不同之处。要把这段关系圆满地维持下去，得靠我们互相理解、开诚布公，愿意面对现状。”

最后，在从自己的角度描述现实的时候，不要责怪他人。

或许有人会为此不以为然地撇撇嘴，别为它们分心。每次你准确地描述现实，不推脱责怪，你都是在为自己周围创造一种力场，一种让别人感觉舒服的力场。

在进行练习的时候，不妨注意，随着你从词汇库里删除“但是”这一微妙调整，你的语音语调和对话的结果有了什么样的变化。

金句摘抄

①一般而言，赢的总是事实。

②不管是得不到自己想要的东西，还是得到了自己想要的所有东西，都会让我们承受压力。

③我们内心有些东西跟那些不迁就我们、不纵容我们、不肯妥协，简单直白且令人信服地描述现实情况的人有着深刻的共鸣。

④在职场，在家里，你越是拒绝（甚至禁止）探讨不同的现实，你就越会把时间、金钱、精力和情感耗费在事后收拾烂摊子上，因为人们认为自己的经验、观点和强烈的信念没有得到组织的重视，他们心怀怨恨，在暗中狠狠搞砸了你的计划。

⑤现实不是绝对的，也不是我们只能被动接受的。

（下）

约翰·汤普金斯，是一家商业捕鱼公司的CEO，样子就像是一道海堤。他身高6英尺[1]，虎背熊腰，体格结实。他站在自己公司的接待区欢迎我，笑容温暖。

约翰请我来是为了帮他准备一轮核心员工会。出席会议的有55人，其中40人是来自俄罗斯、捷克、挪威、澳大利亚和美国的船员，还有15人是陆上的工作人员，负责运营、销售、营销和人力资源。

在电话沟通时，约翰说，他们碰到了一些挑战，他希望趁着所有人都在造船厂（船正在大修）期间加以解决。有人向他推荐了我。

一个星期后，我坐在约翰办公室的真皮沙发上，问他到底碰到了什么事情。

“有两个问题，”约翰说，“第一是船员和地勤人员之

1　1英尺≈0.3048米。

间没有足够的沟通。”

“船员负责捕鱼和加工，这是他们的工作；地勤人员的工作是为船员提供支持。如果渔船上有什么东西破损了，又没有所需的备用零件，我们就帮他们弄来。如果有人生病了，我们会把他们从船上接下来，找人代替。船员和地勤人员对当前绩效保持沟通非常关键：每艘船捕到了多少鱼，船员们状况如何。根据反馈结果，我们会把渔船调动到不同的捕鱼水域，或是替换某些船员。问题在于，他们双方完全不沟通。”

“为什么？”

“船员觉得没有得到地勤人员的支持。地勤人员觉得自己费力不讨好，工作没有受到应有的尊重。”

“你接着说。”

“船员们在海上，辛辛苦苦埋头捕鱼。如果他们没有捕到鱼，我们所有人就都没工作可做。而地勤人员对他们的态度，让船员非常恼火。他们觉得地勤人员不重视自己的工作，不理解捕鱼工作有多么辛苦。而反过来，地勤人员认为，在船员们眼里，自己这边的人都无所事事，窝在办公室里吞云吐雾。”

“好吧。第二个问题是什么呢？”

约翰深吸了一口气，盯着地板，看起来很伤心。

这件事肯定更加关键，我想。

“我有两个得力的手下，肯和里克，负责运营的。里克从公司刚成立就帮我的忙，所以，后来我招聘肯来负责运营，里克气坏了。我有我自己的理由。里克是个急性子，肯更擅长跟人打交道来处理问题，对事情该怎么办想得很透彻。我认为里克慢慢能接受现实，但一年过去了，他还是怒火难消，想方设法地给肯下绊子，他甚至还故意说谎。”

我扬起眉毛。约翰耸耸肩：“我知道你怎么想，你是好奇我为什么还不弄走他。”

“我是在想，你是否考虑过为他打开自由之门。”

约翰摇摇头：“里克很棒，我不能没了他。”

“所以你现在喝着自己酿的苦酒。”

约翰苦笑着点点头。

“听起来你碰到诚信问题了，”我说，“除非，你的企业价值观能容忍说谎。”

约翰皱着眉点头说：“我必须得跟他谈谈了，我会跟他谈的。”

“一想到要跟他谈话，你是不是就头痛欲裂？”

约翰一脸无奈地说：“是啊。”

“嗯，这是个很严重的问题。但我们等会儿再来说它。还有什么别的问题吗？”

“没有了，就是这些。光是它们，我就够为难了！”

我要求跟地勤人员、船员分别谈话。私下谈，一切保密。

“没问题，”他说，“但他们大多不会说英语。”

我还要求见见几位重要的客户和供应商。

我们聘请了翻译瓦西里，他签署了保密协议，开车带着我在造船厂四处走动。

我最喜欢的一句诗来自13世纪苏菲派诗人鲁米：“远方有一片青草地，在那里，对与错都失去了意义。在那里，你我相会有期。”

我喜欢在这片青草地上交谈，大家各尽所能，摒弃成见，边走边聊，互相学习、互相促进。

船员们用带有浓重异国口音的英语说："沃（我）本来伸么（什么）也不会告诉里（你），但沃（我）信任里（你）。"我从他们那儿学会了许多精彩的形容。"鱼从头烂起。"这是真的。问题的根子总能追查到 CEO 身上。在这件事里，问题来自渔头（fishmaster）。

下面是我从跟船员们的对话中了解到的故事的前因后果。

· 如果你和一帮兄弟一起出海捕鱼，你希望碰到些什么？你当然希望捕到最大最多的鱼。渔船的船长和船员都想有点吹牛的本钱。毕竟，这关系到他们在行业里的名声，以及相当可观的个人收入。

· 如果你跟自己不喜欢的人一起出海捕鱼呢？要是他们完全没捕到鱼，你会内心窃喜，还会给他们提出些蹩脚主意。所有船只都在互相竞争。如果他们找到好的作业海域，每条船的渔头会隐瞒位置信息。

· 肯和里克各有一艘中意的渔船，他们彼此角力，确保自己中意的渔船最快获得最好的装备，以便捕到最多的鱼。肯和里克的竞争已经蔓延到这两艘船上所有的船员，这两艘船上的伙计简直就像在打仗。

· 其他船就好像后娘养的丑孩子，孤零零地捕鱼作业，没人搭理。

· 当船驶回船厂，船员们上岸期间，有一位人力资源总监会跑来盘问船员，船员们感觉她就像是打听八卦的。一旦她听到某人的坏话，过不了多久，她就会找到当事人，告诉对方是谁说了他的坏话。每次捕鱼季结束的时候，船员们都很害怕跟她谈话。他们对她骂不绝口（具体内容我就不说了），发誓什么也不对她说。

· 拖网渔船有许多关于饮酒和人际交往的规矩，但所有的渔船上都有数量惊人的酒。一位渔头不但喝酒，还跟厨房里的几位小工有点男性之间的暧昧关系。人力资源部门知道这事儿，但他的船捕到的鱼比其他任何船都要多，所以人人都睁一只眼闭一只眼。

· 船员们捕鱼十分卖力，而且他们也是捕鱼的一把好手。如果他们没有捕到鱼，地勤人员根本就没有“轻松的”办公室工作可做。再说，捕鱼工作十分艰苦，得在海上漂荡好几个月，闷在铁皮渔船里，远离家人。生活完全没有保障。他们捕到鱼才能赚到钱。没有捕到鱼，就赚不了钱，至少赚到的钱不足以弥补这份辛苦。日子过得很辛苦，当然，这也是他们自己的选择。但如果他们能感受到地勤人员的体谅，一定开心不少。

· 到了捕鱼季，地勤人员日日夜夜守候着电话，为船员提供支持，但船员们不发送报告，也不回复呼叫，地勤人员为此感到很痛苦。与此同时，地勤人员还要设法把鱼卖掉。如果他们没有办法以合理的价格把产品卖掉，公司就赚不到钱。地勤人员必须知道外面的渔船干得怎么样——捕到了多少鱼，质量如何。他们需要准确的报告。由于肯和里克之间的竞争，一些报告的数字大幅注水。

这些故事听起来都很耳熟，让我想起跟另一家商用厨房设备制造商共事的日子。他们的机器总是出问题，客户很生气。工程部门认为按照客户的时间规定修好机器根本不可能，并且相信企业里没人理解这一点；工程师们形容客户十分苛刻，不讲道理，这叫他们十分沮丧。销售人员没办法跟听说产品存在问题的潜在客户做成利润可观的生意，也士气低落；客户服务人员也火冒三丈，焦头烂额，甚至冒出了敌意：“你们这些家伙怎么空口许诺呢？我们根本没法兑现！”总裁几乎把所有的时间都用来拜访国际客户，希望他们不要取消新机器的订单，他没有个人生活，妻子发出了离婚的最后通牒，孩子们想念爸爸……

回到刚才的故事。我又到船厂办公室花了一天半时间，听到了跟船员们所说一样的故事。人人都知道肯和里克之间的竞争及其后果，肯和里克这两位当事人也都知道。

我把了解到的消息告诉约翰，他双手捧着头，弓着腰，愁眉苦脸地凝视着地毯。

我们谈到了好的方面：人们对约翰忠心耿耿，公司在同行业里名声很好，虽然眼下有些挫折，客户忠诚度还是很高，公司的地勤和船员都是干活的好手。我们一起咂摸着这喜忧参半的形势。

最后，我说：“有些事情不太乐观呀。”

约翰长长地叹了口气。

我又有些唐突地说：“为什么我感觉这些对你来说并不是新消息呢？

你是在假装自己不知情吗？”

更深的叹息，长久的沉默。约翰的第一句话是冲着地板说的：“我痛恨冲突。”又叹了一口气。接着，他抬起头来看着我的眼睛说：“大家都喜欢我，这对我来说很重要。”

身为协调员，我将确保预定的员工会议按重要的指导方针召开。但对约翰来说，处理这些问题并不容易。等我大概了解他的内心戏是怎么一回事之后，我转入了自己最常用的对话模式——开采式对话。这种模式极为强大，而且特别激烈。我对约翰采用这一模式，因为我们必须一起审视公司和约翰眼前的利害关系，他选择直面还是无视，各有什么所失和所得。

深挖现实的开采式对话

几年前，在研讨班上，一位学员提出建议：“**如果你正在钻井取水，一口井钻上 100 英尺深，好过你钻出 100 口 1 英尺深的井。**”于是，这种模式就被叫作“开采式”对话。对话通过不断深挖，提升透明度、增进了解、推动变革来拷问现实。

就算是在开始时有着明确重点的对话（“我们需要谈谈这件事！”）中，人们也很容易分心，进入无关的岔路。通常，我们从某个话题谈起，很快就偏离了路线，到结束时，主要问题没有什么进展，大家感到失落和沮丧。我们的任务是要摒弃枝节，突出主干。我们的挑战则是分清枝节和主干。

开采式对话向你的客户、上司、同僚、下属、子女或朋友提出一连串的问题，对同一主题进行深入挖掘。这不是牙医不打麻醉剂就开始凿牙齿，而是一种自然的探索，旨在完成本书自始至终都在强调的关键沟通的 4 个目标：

1. 拷问现实。
2. 激发学习。
3. 解决艰巨挑战。
4. 改善人际关系。

开采式对话中所提出的问题，是为了动员人们对艰巨的挑战采取有力的行动，从而帮助个人和团队拷问现实。

我和约翰之间的开采式对话进行了大概 1 个小时，以下是我们对话的概要内容。

苏珊·斯科特（以下简称苏珊）：我们发现了这么多问题，其中哪一个一旦解决，能让你在时间、精力、经济等方面获得最大的投资回报呢？

约翰：（毫不犹豫地）肯和里克之间的竞争。

苏珊：请总结一下这种竞争对现状造成的影响。

约翰：肯和里克之间的问题，变成了渔船之间的竞争，直接影响了公司的利润。相较于其他渔船，受他们支持的渔船获得了更好的装备，绩效也更好。其他渔船则靠着陈旧设备倾尽全力捕鱼。

苏珊：继续说。

约翰：有几艘船的设备最差，渔头们就对鱼群所在位置放出错误的消息，这全是他俩的竞争搞出来的破事。真叫我抓狂。

苏珊：的确叫人抓狂……

约翰：我都快疯了！我们应该一起合作——我们所有人，所有的渔船。就是因为里克和肯不断地争夺权力，我只有一艘渔船表现出色，其他渔船却连鱼群都找不到，更别说捕鱼了！

苏珊：还有什么人、什么事情受到影响？

约翰：士气降到了历史最低点，重要的员工威胁说要辞职。我手下有些了不起的家伙，我不想失去他们。这个代价我承受不了。

苏珊：它对公司有什么样的影响？

约翰：我们的利润没达到应有的水平。老实说，我真是受够了。

苏珊：你受够了。说说你的感觉，它对你有什么影响？

约翰：他们都是成年人，业务水平很高……却像孩子一样斗气……真是……

苏珊：（等他往下说。）

约翰：……不仅仅是沮丧，还让人发疯。这些都是拿着高薪的专业人士。我给他们优厚的待遇，他们却削尖了脑袋争夺最闪亮的玩具、最大的影响力，鬼鬼祟祟地耍各种手段，看谁的渔船能捕到最多的鱼……我们是同一家公司。这么多艘船，属于同一家公司。如果他们不明白这一点……

苏珊：你的感觉是怎么样的？

约翰：（沉默，接着……）背叛，我觉得被他们给出卖了。

苏珊：假设说，从现在起到6个月之后，到一年之后，情况还没有变化，这意味着什么？

约翰：（痛苦地叹气）那我自己辞职好了，让这一切见鬼去！

苏珊：你会失去些什么？得到些什么？

约翰：（我会损失）数百万美元、工作的快乐、自尊和身体健康。（我们探讨了细节。）

苏珊：事情变成这样，你是在假装自己与此无关吗？

约翰：（皱眉）我不明白，我不知道。

苏珊：如果你知道，你会怎么做？

约翰：（微笑，皱眉，思考。我耐心等着。沉默良久，他坐直身子，直视着我。）我还没想清楚肯和里克继续竞争会造成什么样的后果。

苏珊：继续说。

约翰：他们可能觉得自己是安全的。我猜他们是以为，就算他俩不对付不肯合作，我也不会有什么作为，不会开除其中一个。

苏珊：他们想得对不对？

约翰：不。（长久的沉默）不。（又一次长久的沉默）如果不停止，总有一个人必须走。

苏珊：约翰，我们换个思路。假设说，你一头冲上去解决了这个问题——彻彻底底，干干净净。肯和里克一起合作，不再相互竞争。情况会有什么不同呢？

约翰：那就什么都不一样了！

苏珊：给我举个例子吧……

约翰：如果肯和里克并肩合作——他俩都是这行的天才，所有的渔船都将得到精良的设备。大家会分享良好的捕鱼海域，所有人都能捕到更多的鱼，也就是说，公司的利润会更丰厚，船员的薪水和士气都会高涨。人人都开心。

苏珊：还有什么呢？

约翰：毫无疑问，利润更高，我们会升级设备，扩大船队。跟他们说的一样，所有的渔船都会变个样。我也会睡得更踏实。我才不乐意把公司卖掉呢。

苏珊：利润更高，士气更好，睡得更香——想到这些结果，你有什么感觉？

约翰：我充满希望。

苏珊：接着说。

约翰：我喜欢这一行，我很想继续干下去，这里的事情会变得更有乐趣，我不会再觉得自己是个独行侠。

苏珊：我们谈了这么多事情，那么，就你而言，在公司开大会之前，为了改善这一问题，你能采取的最重要举措是什么？

约翰：跟肯和里克单独谈一谈，然后一起讨论，再谈一次。

苏珊：这一次谈话，跟你之前与他们两人进行的对话，会有什么不同的地方吗？

约翰：这就是我需要你帮忙的地方。（我答应帮他为这次谈话做准备工作。）

苏珊：你会碰到什么妨碍吗？

约翰：我需要得到他人的爱戴，说得明白些，也就是我很少提出明确的请求——而且，这一回可不是请求，而是要求。肯定会带来一些后果。

苏珊：其他的问题呢？海参崴那边的受贿嫌疑？同性交往？喝酒？如果这些问题都解决了，事情会有什么不同？（我们逐一进行了讨论。）哪些事情你下定决心要做？什么时候做？

约翰：我下星期一就跟肯和里克谈。

苏珊：最合乎你理想的结果是什么？

约翰：他们不再对着干，而是团结合作。我也不用损失任何一个得力干将。

苏珊：如果他们继续竞争下去，你打算采取什么行动？

约翰：炒掉那两个家伙！我把公司卖掉，搬到塔希提岛去了此残生。

苏珊：让我们来一起设计一轮对话，尽量避开这样的结果吧，至少保证短期内不出现最糟糕的结果。我有一种强烈的预感，我们的目标是把肯和里克都留下来。（所以我和约翰星期五要为此做好准备。我们答应周末通过电话来商榷。）

星期一，约翰和肯、里克分别谈了话，接着三人又一起谈。星期二，我陪约翰见了他的 6 名主要高管，向他们简要介绍了我采访船员、地勤人员、客户和供货商所得的调查结果。虽然没有人为此感到惊讶，但当这些话挑明说开了，会议桌周围上空却飘荡着一股诡异的静寂。

肯和里克向高管团队为自己私下争斗造成的损害表示道歉，我很佩服，这需要人有很大的气度。从我与里克的谈话里，我感觉他天生就爱操纵人，而且他并不打算立刻就动手改掉这种性子。不过，他有一定的魅力，工作也出色。我明白他对公司很有价值。约翰稍后会再跟里克谈谈他的个人问题的。

我对他们做了指导，说明他们在即将召开的员工大会里要发挥什么样的作用，尤其是约翰、肯和里克。我解答疑问，并且把大多数问题都转回给提问的高管，让他们自己得出答案。我告诉他们："问题的答案就在这个房间里。如果我们自己都不能解答它，那就说明我们根本找错了人。你们是合适的人选，答案就在你们手里。"

一个星期后，约翰、两名翻译（他们轮番上阵，被我们给累坏了）、40 名船员、15 名地勤，还有我，进行了一轮为期两天的难忘谈话。

我开门见山，直截了当地把问题摆到桌面上。约翰和我说明了当前的实际情况，毫不保留地把每一个问题都说了出来。人们目瞪口呆。我提醒自己，要保持呼吸，稳住阵脚。

我说，**我们将直面真正的问题，"直面"的意思不是吵架斗殴。"直面"意味着寻求真相。诚实指的是，怀着良好的意图，向自己和他人说明一切。**

我告诉他们，我们首先从最大、最困难、最丑陋、最下作的问题着手，这样，我们才能够了解现状，改变现状。

我们一开始就点明了肯和里克之间的恶性竞争。肯站起身，面对大家："我承认，我对船队里的某一艘船存在偏爱。这是不可接受的行为，我道歉。以后不会这样了。"这是我们经历到的第一个真相瞬间。

其他 54 个人仔细地咂摸着这番话，而肯静静地等着。转折点很快出现——"清水号"（就是肯在装备和给养上偏爱的那艘船）上一位备受敬重的工程师理查德站起身来坦白道："肯，这让我们大家都很为难。一方面，我很感激你为'清水号'做的一切；但另一方面，这也叫我们很难出手帮助其他船上的伙计们。帮忙本来是我们的分内之事。"

肯看起来就好像肚子上被狠狠踹了一脚。理查德是肯最重视的一名手下。肯摇摇头，这可不太容易接受。

里克站起身来："你们当中有些人知道，我一直……我一直没想通……见鬼，你们都知道我想做到肯那个位置。我不想遮遮掩掩的了。但这不是你们的问题，是我把问题强加给了你们，本来不应该发生的，我会解决的。"

在我和约翰邀请大家走出自我之后，与会者逐渐露出了真实诚恳的面目。一些人为自己开脱，另一些人则对那些主动承担责任的人表现出了很大的包容心，他们为其余的人立下了标杆。

克里斯是一位来自澳大利亚的水手，他为我们指明了出路。他喜欢捕鱼这一行，也热爱自己的工作，喜欢船员同伴们。内斗对士气造成的重大损害，让他很生气。我们问他有什么建议可以着手扭转局面。克里斯说出了自己的想法，然后转过去对约翰说："你能召开这次会议，真是好样的。"

自始至终，约翰的表现无可挑剔。他提出问题，而且是真心实意地提问。他认认真真地倾听，并从他独有的视角提出意见，回答问题。在他回答问题的时候，他也非常真诚，不躲躲闪闪。他不说空话废话，不装模作样。我明白了大家为什么尊重他，也亲眼看着大家对他的尊重变得更深。

会议结束后，神奇的事情发生了。那个酗酒、跟船员存在暧昧关系的渔头被解雇了。他以前当船长的那条船继续捕到最多的鱼。对自己必须做的改变，里克拿不准能否做到，他辞职找了新工作，走了一个星期之后，约翰又把他请了回来。里克回来以后，变得稍微低调谦逊了一些。肯和里克仍然有些小小的权力之争，但从大环境来看，这些争斗没那么显眼了。偏爱某一艘渔船的事情再也没有了。渔船之间的通信变得及时、准确，所有渔船都能捕到鱼了，报告也不再离谱了。人力资源总监仍然热爱八卦，但不再对船员们嚼舌头。士气回升了。

和 55 名员工的会议结束后，约翰和我继续每个月见面，激烈讨论他的工作和未来发展。我问约翰能否把他公司的故事收入案例研究，他说："我很荣幸。我为我的公司，还有我们所取得的成就感到自豪。"

战场真相与官方真相

几年前，有人向我介绍了一个军事用语"战场真相"，意思是战场上的实际情况，与官方预定战术相对。获取战场真相，是在任何组织（公司也好，婚姻也好）里都值得一试的挑战。

在我看来，你必须掌握战场真相，才能扭转战局。约翰·汤普金斯拿出勇气拷问自己公司的现实，以求获取战场真相，一切公开进行，没有偷偷摸摸的暗箱议程。

你组织里的战场真相是什么呢？由于战场真相和“官方真相”之间存在重大差异，每天都有公司分崩离析。官方真相随处可以获取，在大多数团队成员眼里，它不过是宣传罢了。

战场真相则流传在饮水机旁、卫生间里、停车场上，但它很少进入公众视野，也很少出现在你最需要的时候（比如整个团队都聚在一起讨论推出新产品，分析宝贵客户的流失，以及怎样避免此种情况再次发生的时候）。

我最近跟一位朋友聊天，他经常参加那种在惊险小说里才读得到的高级别政治会议。他提醒我，政客们很擅长在战场真相和官方真相的巨大间隙里打太极。每个人都小心谨慎，提防戒备。没有人承认自己存在弱点，有可能会失败，更不会承认自己不是宇宙的中心，失去了控制。

我的朋友接着说，有一种政策叫作“模糊的政策”。有关具体主题的所有沟通都拐弯抹角，羞羞答答。任何人说的话，都不包括具体的细节。想要强调点什么，就好像是想把果冻钉在墙上那么难。

在一场讨论全球变暖问题的国际会议上，来自法国国际关系研究所的军事专家雅克·贝尔特兰说了一句全球媒体竞相引用的话。他说，**会谈上人人都做出亲热友好的姿态，可一说到实质问题，大家就开始进行“聋子之间的礼貌谈话”。**

美国遭遇“9·11”恐怖袭击之后，匆匆忙忙地开始进行真实的对话。非这么做不可了。摩天大楼轰然垮塌（丝毫也没有夸张），我们也必须脚踏实地，获取战场真相。世界各地的人都开始从极为现实的角度意识到，世界的进步，取决于每一个人的进步。领导力必须为了整个世界而运用，而不仅仅是用来姑息迁就那些有着特殊利益的个人。我们再也无法承受在后一种模式下运作的后果，企业自然也不能。盈利能力要求我们持续不断地拷问现实，获取战场真相。

约翰·汤普金斯的官方真相是，他手下两名强干的运营主管之间的竞争，公司的其余部分根本看不见。他说服自己，最高管理人员之间的小小对立是可以容忍的，甚至对公司的健康有好处。与此同时，战场真相是，这每天都给公司造成重大的损害。

我们彼此之间应该进行什么样的对话，才能帮助大家对战场真相形成共识呢？

我们要审视现状。我们上一次见面之后发生了什么变化？我们在什么地方取得了成功？在什么地方遭遇了失败？我们在过去几个月里学到了些什么经验教训？现在我们需要做什么？

我们每个人都需要诚实地回答这些问题，不管是在职场，还是在家里。摸清公司和人际关系中的官方真相跟战场真相存在哪些矛盾，可以作为我们的入手点。

练习“和自己的对话”

在继续往下读之前，稍停片刻，和自己进行一场安静的对话。

在你工作的地方，官方真相和战场真相之间是否存在差异呢？在你的个人关系里呢？在你的私人生活中呢？如果有，请把它们写下来。下面的例子或许对你有些帮助：

· 我们公司的官方真相是，我们做的每一件事，都以达到世界级水平为目标。战场真相是，我们很多人都为频繁失误感到羞愧，只可惜这些失误没有人承认，也没有人指出。

· 我婚姻的官方真相是，我们很快乐，一切都好。战场真相是，我们会回避重大问题。如果我们没办法解决这些问题，我们的婚姻很可能会告吹。

· 我个人生活的官方真相是，我走在成功的大道上。战场真相是，我的工作毫无成就感，我只是在敷衍了事。

和自己进行这样的关键沟通，不适合心脏虚弱的人。这样的对话需要勇气。勇气（courage）来自法语的“coeur”，意思是“心脏”。如果你无意中听到自己在说一些不知道自己知道或者不想知道的事情，这就是关键沟通了。

我们每个人对任何局面都有着自己的感觉，这也就是我们自己的事实。这些“事实”，不但有可能跟现实相去甚远，还经常让我们的对话反反复复地在同一个地方绕圈子。

这不禁叫我想起一个有关禅师的故事。有个人去找禅师，问：“你能教给我什么真理呢？”禅师回答说：“你喜欢喝茶吗？”那人点点头，禅师给他倒了一杯茶。茶杯满了，茶水溢了出来。可禅师还是继续往杯子里倒水。这个人赶紧拦住禅师，禅师说：“等你把自己倒空了再来找我。”这个故事的意义是，我们必须清空自己先入为主的一些观念，才能接受更为广大、更加复杂的现实。

进行关键沟通的过程中，我们必须先对自己所有的答案提出质疑。学习新的知识之前，要先放弃固有的观念。把茶杯倒空！

- 我工作地方的官方真相：

- 我工作地方的战场真相：

- 我个人关系的官方真相：

- 我个人关系的战场真相：

- 我个人生活的官方真相：

- 我个人生活的战场真相：

你的行为和价值观是否一致

说到盈利能力、保持公司健康发展，我们必须判断组织赖以建立、赖以经营的假设是否符合当前现实。

什么样的假设呢？有关市场的假设，对客户和竞争对手的假设，对价值观、信念和行为的假设，对技术及动态的假设，对组织优势和弱点的假设，甚至有关组织获得报酬之后要做什么的假设。

彼得·德鲁克把这些假设称为公司的“事业理论”，并认为需要对它们进行定期的严格拷问。为检验这些假设，组织必须同时拷问两种现实，进行两场关键沟通。第一场对话涉及组织的价值观。这里要提出的问题是：“我们支持什么样的价值观，这些价值观和我们的实际行为之间是否存在差距？”我请捕鱼公司的老总约翰·汤普金斯分享一下他基于什么样的价值观创办了这家公司，他顿了一下，接着承认：“我们从来没宣扬过什么价值观。”

这就难怪约翰的公司举步维艰了。公司的灵魂反映了整个组织共同的价值观。**我们每天起床后所做的每一件事情，背后都深植着我们的价值观。**

价值观是一种坚定恪守的信念（与模糊的概念相对），人或组织根据它选择采取什么样的行动。价值观是一种持久的信念，是出于个人、专业、精神或社交偏好所中意的行为方式。

在思考你的价值观的时候，以及你的价值观跟行为之间是否存在差距的时候，拷问现实的重要性，比我们大多数人意识到的更大。

心理—神经—免疫学是医生和量子物理学家共同研究的领域，他们在此相会、展开对话，似乎你我这样的普通人，都有能力强化或削弱自身的免疫系统。令人惊讶的是，这跟健康的饮食或养生锻炼没什么关系，而与个人生活诚信度的关系更大。

如果你感觉一种让人死气沉沉的沮丧在全身蔓延，就好像自己搭着一艘失去方向的船，漂浮撞到了堤岸，困在了河水的浪头里；如果你大部分时间都无精打采、疲倦不堪；如果你感觉到有什么事情不对劲……不妨做一场诚信拷问。

问问自己："我支持什么样的价值观，我的价值观和实际行为之间是否存在差距？"事实上，如果你陷入抑郁，有可能是因为你对自己隐瞒了一些重要的有关你自己的真相。

诚信要求人的价值观跟行为保持一致。举个例子，如果你说自己重视和家人团聚的时间，但最近却没有跟家人一起待太久，那么，按照你自己的定义，你就有违诚信。如果你认为忠诚对于婚姻必不可少，那么，如果你欺骗伴侣、在外花天酒地，你就有违诚信。如果你告诉自己，诚实很重要，但你却经常为了躲避麻烦、牟取私利而歪曲事实，你就有违诚信。

还记得战场真相吗？公开宣称的价值观往往跟战场真相有颇大的差异。

我们大多数人并不会有意识地违背自己的价值观，也不会整天不断地自我检查："嗯，我最近有违诚信了吗？"可**如果你的行为违背了自己的价值观，你的身体会知道。**你会在细胞层面上为此付出代价。随着时间的推移，根据你违背诚信的严重程度，以及此种情况持续的时间，你的免疫系统会遭到削弱，让你越来越容易感染疾病。

每一个人都有免疫系统，每一段婚姻都有免疫系统，每一家企业也一样。破坏了对客户的承诺，会发生什么情况呢？员工长期内斗呢？企业缺乏盈利能力的问题，可以在财务报表中用一次性销账来冲抵，你会怎么做？面对大笔金钱，各方出现利益冲突，又会怎么样？

如果组织内部行为跟它在使命宣言里描述的价值观不一致，公司的免疫系统就很虚弱，容易患病。

好公司也会碰上坏事情。当公司遭受冲击的时候，如果企业的免疫系统脆弱，它的心跳就可能骤然停止。

处境艰难的时候，你的婚姻会变成什么样呢？诚信缺失会带来怎样的恶果？你们是互相扶持共渡难关，还是各自分飞？

这里需要注意。在工作或家庭中碰到不好事情的时候，如果我们的企业或个人免疫系统脆弱，情况很可能会更加恶化。反过来说，碰到糟糕的事情而我们的免疫系统足够强大，我们的防御系统就可以发挥作用，让我们恢复健康。

如果我们知道自己有违诚信，却不为此采取补救措施，那会怎么样呢？如果我们继续忽视身体发出警告的部位，它不停地在说“这不对，这不适合我”，那就是拿着自己的身体、情感、精神和财务状况玩俄罗斯轮盘赌。可悲的是，对很多人来说，我们只有听到“安然事件”[1]时，才会意识到这个企业心理—神经—免疫系统失调造成重大灾难的案例。

1 “安然事件”是指2001年发生在美国的安然（Enron）公司破产案。

练习“诚信扫描”

进行一轮诚信扫描。在准备诚信扫描期间，你必须首先澄清自己的价值观。让别的人，甚至你钦佩的人来向你宣讲价值观，是毫无用处的。现在的问题是：“你自己的价值观是什么？”

我确认自己的价值观之一是激情参与。回首个人和事业的高低起伏，我发现，每当我的热情彻底调动起来，我做的工作最出色，最享受当时的生活。真诚是我的另一条核心价值观——对我来说，光是听到这个词，我就感觉热血沸腾。

跟客户合作的时候，每当合适的词语跃入脑海，我常常产生一种“我找到啦”的发现感。在一次研讨会上，有一位女士意识到自己的生活太过于例行公事，麻木了她对生活的激情。课后，她重获决心，报名参加了写作课。“我过得太舒服了。很长一段时间以来，我都没学习任何新东西。我总是说，终身学习是我的核心价值观之一，但我却在生活的每一个方面循规蹈矩。难怪我感觉这么无聊。”

寻找那些能打动你、唤醒你的话。别担心别人怎么看待你的价值观。这是你的人生，只有你才能决定。

接下来的对话，是你与自己进行的最重要的对话之一，值得每年都重做一次。

个人诚信扫描

阐明并写下你的核心价值观。注意你选择的每一个字，或许只有一个词、一句话切中你的要害，没什么，尽管把它写出来。

我的核心价值观是：

现在进行诚信扫描。

我的行为是否违背了我在职场的价值观？是否违背了我在个人关系中的价值观？是否违背了我生活中的价值观？是否存在诚信缺失？如果是这样，缺失在什么地方？具体是怎么回事？

我在职场中的诚信缺失：

我必须怎样做才能改善？

我什么时候着手这么做？

我在个人关系中的诚信缺失：

我必须怎样做才能改善？

我什么时候着手这么做？

我在生活中的诚信缺失：

我必须怎样做才能改善？

我什么时候着手这么做？

企业诚信扫描

如果你是公司中的领导者，邀请你的团队进行企业诚信扫描。

在准备过程中，审视你公司的愿景和使命宣言。它是否包括了明确的价值观？它是否具有说服力？大多数使命宣言听起来都差不多，一般会包含如下说法：

> 我们将成为[具体地方][你的产品或服务]最佳供应商。我们将超越客户期待，为员工提供成长机会，确保股东获得合理回报！

无聊！这样的宣言毫无活力，除非我是股东，否则有谁在乎？这些语言无法让我们投入任何感情，无法驱使我们采取行动，不能激励我们在寒冷的阴雨天走出温暖的被窝，来到办公室解决比较棘手的任务。

我想，你大概也希望自己的信念从工作中体现出来，从做工作的员工身上体现出来，而不是靠上级管理层将之强加给员工。你必须相信，对员工的大脑、心灵和胆量进行扫描，足以找出他们所代表的信仰和价值观。不管你的企业宣言多么高尚，在墙上挂得有多明显，你也无法通过蒙骗、敲打、奖励、惩罚、激励等手法将这些信念和价值观强加于人，因为如果你这么做，你就成了传教士，把企业生命的能量用在了推、拉、说服上，而没有用来开展你公司的业务。

人们渴望跟有实质意义的东西联系起来，这些东西指向了价值观。我应该怎样生活，才能让生命变得更有意义，不再是肉身短暂存在的一瞬间，很快就将永远消失呢？

对那些评估自己的生活并感到不满的人来说，情况尤其如此。用时间和技能换回支票，再回家用支票换回自己真正想要的生活——这样单纯的合约关系，很少能让员工感到满意。大多数人都深深地关心自己效力公司的名誉和价值观，并认为自己履行企业价值观的能力事关重大。

一套打动人心的愿景（包括共同的价值观），并不仅仅是一个想法。相反，它是人们心中的一股力量，一股强烈的力量。它或许受了某种理念的启发，可一旦它走得更远，有足够的说服力获得一个人以上的支持，那么，它就不再是抽象的东西。它变得切实可见，人们会觉得它栩栩如生。在人类事务中，很少有什么东西有着比共同愿景更强大的力量。

跟尽量多的员工（还有一些客户）进行 4 场关键沟通，在此过程中写出的愿景宣言是最好的。它应该回答 4 个重要问题：

1.**“我们为何存在？”**（回答这个问题，切莫局限于你所制造的产品或提供的服务，它必须回答接下来的“那又怎样”。换句话说，我们做了什么对客户至关重要的事情？这里有一个例子可供参考：一家电信公司曾给出过令人信服的回应：“我们的工作让人类大家庭紧密联系在一起。”）

2.**“我们彼此之间的理想关系是什么样的？”**（组织内部每一个人的关系，我们能想到的最好的方式是什么？我们该怎样形容它？具体的、可行的价值观会比光说“信任与尊重”更打动人，比如：“我们希望自己的计划与行动前后一致。能敞开心怀表达不同意见，不感到担心害怕。每个人都跟最终产品息息相关。人们享有失败的自由，只有不愿尝试的人才会挨批评。”）

3.**“我们与客户的理想关系是什么样的？”**（这跟问题 2 相同，只不过针对的是客户。可以参考这样的回应：“我们是客户的合作伙伴。双方怎样做生意，我们鼓励客户给予指导，客户会让我们感觉得到了理解，我们懂得自己的行为会给客户带去什么样的影响。”）

4.**“我们为全世界做出什么样的贡献？”**（除了客户，我们希望在较大的社群里发挥什么样的影响？我们希望自己以什么闻名？例如：“我们无条件地承诺，为提高人类生命的质量和人类的进步而奋斗。”“我们致力于履行我们的道德和社会责任。”）

如果你的愿景声明需要重写，请动员尽量多的员工、客户和战略伙伴参与。定期与同事审视愿景，问一问："我们在什么地方偏离了方向？"如果出现了明显的诚信缺失，要讨论该怎么做才能纠正它。制订计划，包括要采取什么样的具体行动，什么时候动手。感谢团队的坦诚回应。在结束诚信扫描时，要确认公司的行为在什么地方符合价值观。问问团队："我们在……方面做得怎么样？"感谢团队为公司价值观和行为校准所做的贡献，告诉他们这对身为领导的你有着什么样的个人意义。

你容忍的缺点最终会害了你

现在，让我们来看看每一家企业必须定期审视的第二种现实："我们员工的技能和才华是什么？这些资源和市场需求之间是否存在差距呢？"

几年前，我列席了苏格兰爱丁堡的一场董事总经理会议。等我终于适应了他们的爱尔兰土腔，把注意力放到正在讨论的问题上，我发现："他们的问题，跟西雅图、伦敦、印第安纳波利斯、悉尼、芝加哥、温哥华的 CEO 也都一样。"这个共同点就是——人。

在解决问题、产生结果、推进战略的时候，我们不可避免地要借助员工的个人绩效。

我们是否拥有成功地把产品或服务提供给客户的优秀人才？

我注意到有一点很有意思。我共事过的绝大多数领导者（他们基本上都是十分务实的人）往往都怀着良好的愿望，认为拖后腿的员工会在一夜之间神奇地提高绩效。我记得自己有一位客户曾对员工说：“我来这儿不是为了评估你的绩效，我来这儿是为了把它从你身上找出来。”

我们需要一场关键沟通，甚至一系列关键沟通，接着强力地跟进、提供后续支持。有些人的确是没救了，但还有不少人有的救。大多数人能遵守明确的要求。领导者要扪心自问的最激烈问题或许是：“我的员工是在我聘用的时候就能力低下？还是我扼杀了他们的能力？”

身为领导者，你容忍的缺点最终会害了你。人们不会重复特定行为，除非得到奖励。我们的家庭、婚姻、友谊，同样如此。举个例子，你的孩子在做什么？他们怎么支配自己的时间？结果怎样？

你是否不光清楚地沟通了自己想要的结果，也说明了想要的行为和态度？西南航空公司的董事长赫伯·凯莱赫（Herb Kelleher）说过一句我很欣赏的话：“我们做好了因为你恶劣的态度开除你的准备——我们甚至愿意走法律程序。”

很少听人批评西南航空公司的员工在执勤时心不在焉，相反，他们在工作时都很有活力和个性。一家航空公司是怎样让员工避免心不在焉的呢？靠的是清晰地传达出公司的期待。

我在跟保时捷公司前总裁彼得·舒茨（Peter Schutz）进行对话时，他传达的信息始终一致：“招聘主要看态度，技能可以培训。”彼得的成功，在很大程度上是因为他清楚地说明了希望在保时捷看到什么样的态度。**关键的问题是，“什么样的态度能带来我们公司的成功？”后续问题是，“我们的员工在何种程度上表现出了这样的态度？”**

对自己坦诚

我们探讨的企业的两种现实，放到你个人身上是什么样的情况呢？你已经做了个人诚信扫描，拷问了第一重现实：“我支持什么样的价值观？这些价值观和我的实际行为之间是否存在差距？”

我们只需要对第二重现实稍作修改，就能让它更贴近个人了：“我的技能和才干是什么？这些才干和我带入就业市场、事业及个人关系中的东西，是否存在差距？”

斯特兹·特克尔（Studs Terkel）在《工作》一书中写到一位叫诺拉的年轻姑娘，她描述了自己大学毕业后走上第一份工作岗位时有多么兴奋。那是一家著名的大公司，她想全力以赴地投入工作当中，把自己所学的一切都用到手边的任务里。只可惜，她的同事阴阳怪气地向她表示，如果她当真全力以赴地对待工作，就会把其他所有人给比下去，让大家都过得不舒坦。

诺拉说（这部分内容我记得很清楚，让我忍不住打起了寒战）：“短短几个星期过后，我开车去上班就得调整好心理，放低心态去做一件对我来说再小不过的事情。不到一个月，我对自己的工作就灵魂离体了。”

不管是对诺拉还是对公司来说，这都是多可怕的代价呀！留在一份让她感到没有活力的工作里，不会给她或者公司带来任何好处。或许你现在的工作对你来说并不合适，你自己也知道。或许你只需要用很少一部分能力就足以应付它，每一次你想多花些心思做得好一些，都会遭到无情的否定。或许你对自己的工作不感兴趣，也可能你的能力无法提供它要求的结果。

也许你一直告诉自己，你在的地方没那么糟糕。虽然它可能不是你梦寐以求的工作，但至少你已经习惯了。它实际上是一种舒适地带。你有了薪水和福利，有了一个每星期要去混5天日子的地方。毕竟，你还有15年就可以退休了。为了养家糊口，你可以撑到那时候。

当你听到这样的自我对话时，你内心深处会怎么想？与此同时，你想必梦想着能重获自由，去做一份完全不同的工作。事实上，有些时候，除了目前捆着你的这份工作，你宁肯去写文章、读书、散步、雕塑、教书、在油漆店里干活、开叉车，或者在海边卖贝壳。

我的一位同事帕特·穆雷（Pat Murray）说过：“**如果你想看看真正痛苦的人，就去看那些明知自己是什么人，却又必须经常违背本性的人吧。**”

如果你想到自己的工作却并不发自内心地感到喜悦，如果你只有到了周末才觉得自己活了过来，你一定是个真正痛苦的人。不过，很多时候，我们效力的公司并没有什么不好，只可惜问题出在我们所待的岗位不适合，没能让我们充分发挥潜力。跟同事进行一场关键沟通，说不定能为你打开通往满足感更强的全新挑战之门。

然而，如果你的工作对你来说不再适合，不足以让你有所发挥，情况又得不到改善，除非你能成为一个彻底不同的人，否则，这就到了离开的时候。

或许，到了鼓起勇气向这地方道别、炒自己鱿鱼的时候了，为自己打开自由之门，投入自己真正想要去做的事业。问问你自己：

我打心底想要做什么样的事情？

我受到什么事业的召唤？

如果你仍在犹豫，再问问自己：

我为此付出的代价，真正值得吗？

如我们所见，对于正在实践关键沟通的企业、夫妇和个人来说，参与原则之一是没有人非得改变不可，但每个人都必须进行这场对话。

当我们真实地对待自己和他人，对话还没结束，变化就会出现。有关“我们是什么样的人”“我们真正想要什么”“我们真正需要些什么”这一类的洞见会上场发挥作用，重新调整我们内心的想法，清理我们杂乱无章的内心世界，揭示我们必须走的道路。

如果你命中注定要走的道路需要彻底颠覆如今的生活，你会怎么办呢？如果你认识到，要想过上更愉快的生活，你必须彻底改变事业方向，你会怎么办呢？你也许会想：“如果去做自己真正想做的事情，我挣到的钱会变少。让全家人简化生活方式、削减开支，他们会怎么想？别的人会怎么想？毕竟，人人都认为如今的我还算成功。”

对于这样的顾虑，我想用多年来让自己受益匪浅的一种成功定义来回应：**我的成功，取决于“我是什么人”与“我过着怎样的生活”这两者相一致的程度。**

为使两者一致，有一点很明确：**我们的生活质量，在很大程度上取决于我们所提问题的质量，以及我们所给出答案的质量。**

如果得到了坦诚而周全的解答，正确的问题就为通往新的生活打开了可能的大门，不再只是马马虎虎的妥协。身为领导者，你必须先解答针对自己的正确问题，再解答针对公司的正确问题。心理学家艾瑞克·埃里克森（Erik Erikson）写道：**“有一些人，在解决自己内心冲突的过程中，成为群体的榜样。”**

什么是正确的问题？它们是定义了你理想中未来的宏大问题：

> 我要到哪里去？
> 我为什么要去那里？
> 谁和我一起去？
> 我怎么去那里？
> 我实现了自己的全部潜力吗？
> 我完全发挥了自己的能力吗？
> 我现在的工作是否具有价值和成就感？
> 有哪些需求，我努力想要实现但尚未实现？

回答这些问题的最大障碍是对前途的恐惧——担心发现了自己到底是什么人，又或者担心这个问题本身的无常。可这些问题让人欲罢不能，因为它们通往理想的结果：它们促成深刻且积极的个人转变，它们打开了从前无法触及的可能性。

当一个人对所在企业及自己生活的轨迹有了清晰的认识，脚踏实地地与这些问题角过力，就能改变公司、团队、家庭和社区。我们的答案提供了背景语境，而我们则通过这些背景语境，体验人生的内容。你如何建立这种内部语境呢？清晰地阐述你的公司、家庭和生活能达到什么样的最高成就，做出什么样的最佳贡献。

我们会在第二篇对若干个问题做更仔细地审视。本篇中，你已经开始关注你的现实，也即从你的角度看沙滩球是什么颜色。你已经阐明了自己的核心价值观，并就自己的生活重点、公司及事业重点，与自己展开了关键沟通。

在后面的章节中，你将掌握技能，描绘出同事、客户和生活伴侣对现实的看法。你将学到怎样真正地提问，让人们做出真正的回应。你将学到怎样调动对方参与对话，让问题变得更清晰，让你们的关系变得更亲密，更了解彼此，获得变革的动力，团结得更紧密——哪怕当前现状和未来希望在今天看来相距甚远。

金句摘抄

①诚实指的是，怀着良好的意图，向自己和他人说明一切。

②我们起床后所做的每一件事情，背后都深植着我们的价值观。

③当我们真实地对待自己和他人，对话还没结束，变化就会出现。

④我的成功，取决于“我是什么人”与“我过着怎样的生活”这两者相一致的程度。

⑤有一些人，在解决自己内心冲突的过程中，成为群体的榜样。

原则二

走出自我，投入对话，让对话变得真实

真实和不真实的对话，哪种才可怕？

Fierce
Conversations

虽然许多人害怕“真实”，但我们最应该害怕的，恰恰是不真实的对话。不真实的对话会让个人、组织都付出沉重的代价。没有谁必须改变，但所有人都必须参与对话。如果对话是真实的，那么，在对话的过程中，变化就出现了。每一轮对话都尽量真实，它能帮助你基本上达到自己的目标。

> 没有谁必须改变，但所有人都必须参与对话。
>
> ——大卫·怀特

你是一个独一无二的人，完完全全出自原创。**如果你的行为不能忠诚地表达出你是什么样的人，或者你希望成为什么样的人，你就无法拥有自己想要的生活，**做出合乎心意的决定，胜任你本来力所能及的领导岗位。

在关键沟通的语境下，“真实”要求你重视伍迪·艾伦的启蒙第一条原则：“现身！”

你必须有意识地、有目的地走出自我，投入到对话当中，让对话变得真实起来——至少，你的那一部分对话必须真实。

但大多数人在对话当中难道不都挺真实的吗？

我真希望能响亮地回答：“没错！”但即便你真心实意地做出了这样的承诺，要做到这一点也难得吓人。如果你听到过我与员工之间的对话，了解到他们对公司战略的看法，可公司高层一出面，他们的立场就来了个 180 度的大转弯；又如果你听到过某个深感婚姻不幸的家伙纠结的内心独白，可伴侣询问的时候，他（她）却回答："一切都好。"你大概会得出跟马丁·艾米斯（Martin Amis，英国作家）一样的结论："无可争议的事情，却把我们逼到了绝境。"

在新闻报道中，我们经常读到来自某位"不愿透露姓名"人士的发言。很多人的生活里都充斥着这种近乎病态的匿名性和不真诚。我有位朋友最近母亲去世了，他说："我母亲从未和我分享过她最黑暗的日子，还有她内心的烦恼。我总感觉自己并不真正地了解她。"如果对自己最亲近的人，我们都不愿意与之分享痛苦，如果我们不能像分享成功那样坦然承认失败，那么，我们能算得上有几分真实呢？

切中要害的信息帮我们真诚面对现实

一场 60 秒的关键沟通，逼得一位朋友真正"现身"，改变了她的生活。

大学毕业后，爱丽丝跟一个很不错的人结婚了。加里是法学院的，爱丽丝则在一所高中任教。法学院读到一半的时候，加里意识到自己就读法学院的理由，包括名誉、地位、收入、父母的认可，全都是错的。他对法学院充满了浪漫的幻想，现实情况却一点也不一样。事实上，他发现自己不喜欢上课，对法律没有真正的渴望，于是退了学，和爱丽丝一起教书。加里的父母对儿子十分失望，尤其他母亲，更是把爱丽丝拉到一边偷偷说：“你看看，他做什么事都不能坚持到底，总是半途而废。”爱丽丝还为加里开脱说好话。

过了不久，加里应征入伍，参加了空军。爱丽丝辞了职，跟着丈夫从一个基地搬到另一个基地，有了自己的孩子。可又过了几年，加里突然渴望过农场生活，军队的服役期结束之后，就搬到了中西部，到父母的小农场帮忙。他还打算等父母再年迈一些，更多地做些农业工作。

等经营农场的现实变得越来越清晰，加里又一次坐立不安了。他意识到，画家诺曼·洛克威尔（Norman Rockwellian）笔下理想化的田园牧歌式生活，跟现实里无尽的操劳、漫长的工作日、微薄的收入南辕北辙。加里开始寻思要到大学里去教书，幻想自己走在校园里，快乐地沉浸在学术世界。于是这个现在已经有了两个小男孩的家庭，搬到了俄勒冈州。加里拿到了一笔奖学金，供自己完成学业，实现新的梦想。

可过了 3 年，爱丽丝发现，加里已经逃课一年多了。等儿子们上学、爱丽丝也去工作之后，他就偷偷溜回家里。加里再一次放弃了自己的事业发展方向。这一回，他倒是有点不好意思了。他提出，在可见的未来，最适合他的方案就是留在家里，做做饭，打扫打扫卫生，处理应对一个繁忙家庭无尽的琐事。最重要的一点是，孩子们从学校回家，天天都能看到父亲。他发现，做个“家庭主夫”挺不错的。

这期间，加里和爱丽丝去参加了专门为 30 来岁夫妇办的主日学校。到加里做“家庭主夫”一年多，主日学校安排了一场主题发言，讨论女性在婚姻中所扮演的角色。主持人先朗读了《圣经》里的段落，《圣经》里说，女性应当在家倒油、织布、榨橄榄之类的。爱丽丝站了起来，充满激情地说，《圣经》成书的时候，这些建议或许有道理，但如今时代不同了。女性有许多选择，而且，所有人都知道，尽管加里和爱丽丝在婚姻关系里男主内女主外，角色颠倒，但仍然十分幸福。全场听众都站起来为爱丽丝的发言鼓掌。爱丽丝对大家的反应也很欣慰，开心地坐了下来。

爱丽丝走出房间，准备去做 11 点钟的祷告，一个她几乎不认识的男人走过来，拍着爱丽丝的肩膀，轻声说："我喜欢你这个人，但请恕我冒昧，你刚才那番话真是胡说八道。"

爱丽丝目瞪口呆地盯着那个人，那个人却继续说："这不管用的，爱丽丝。你根本就讨厌整个安排，而且你也失去了对加里的尊重。你难道要假装不知道吗？"

就在这一刹那，爱丽丝知道他是对的——哪怕前一刻她还不以为然。

爱丽丝之前真的不知道自己的感受吗？有些人可能觉得难以置信，但直到恍然大悟的那一刻，爱丽丝一直在压抑自己的真实感受。她成功地把它们扫进了地毯下面。在电影《疯狂的乔治王》（*Madness of King George*）里，一个人物对国王说："陛下，您看着像是自己了。"乔治王回答："我一直是自己，哪怕我生着病，但现在，我似乎开发出了一种看着像是自己的才能。"

爱丽丝和加里都只是看着像是自己而已。但现在，爱丽丝仔细琢磨，她认为加里可能和自己一样不知情，也不开心。他们都痛苦地压抑着情绪，不愿去审视。畅谈自己的感受，或许会带来一个两人都不曾准备好要面对的结果。幸好，一个善意的陌生人，敏锐地听出了爱丽丝的言外之意，注意到了她的身体语言（她的背挺得太直，神态过分骄傲），用一句话把她硬生生地拉回了现实。

半年后，经历了许多轮关键沟通，爱丽丝和加里意识到，彼此相爱，但不爱两人在一起的生活方式，这是完全有可能的。

加里回到了中西部，而爱丽丝和两个儿子留在了俄勒冈州。加里后来再婚，当上了高中老师兼橄榄球教练，走上了满意的职业生涯。爱丽丝的事业继续蓬勃发展，而且正和一个十分合得来的人约会交往。

直到今天，爱丽丝仍在好奇：如果不是那个有点鲁莽的陌生人，她和加里还要拖上多久，假装不知道两人的婚姻已陷入泥潭。她很感谢那个人担着风险，传递来急需的信息——未经过滤，切中要害。

你有权利满足自己的核心需求

或许你也碰到过类似爱丽丝的经历，新的认识像海啸那样涌到你面前，让你惊恐不安——但又毫无辩驳的余地。等到你终于发现那些信息里所蕴含的善意时，你或许会想，自己怎么居然能对人对己这么长时间地压抑真实情感。

就算那些大权在握的人，有时也会向对自己快乐和成功至关重要的人隐瞒真实想法和感受。这跟一种潜在的生存冲动有关：我们以为别人（上司、客户、同事、家人，等等）掌管着仓库的钥匙，那里面保管着我们想要、需要的一切。于是我们想要获得他们的认可与支持。为了确保这些权力掮客站在我们这一边，我们就要取悦他们。想要取悦他人的愿望固然并非缺点，但在关键的十字路口，我们常常走得太过头，远远太过头。面对所谓的真相瞬间，我们会把真相扔到围栏外头，或者用窗帘挡起来，以换取对方廉价的认可。

有些人担心，态度真诚有时是一种自私的做法，它会在不知不觉中对双方的关系造成妨碍，还认为把自己的利益摆在第一位是不恰当的。毕竟，别人会怎么看你呢？

在一次研讨班上，劳伦向大家分享了自己的经历。劳伦 40 来岁，是位讨人喜欢的女士。一天早晨，她醒来时不安地发现，自己都不认识自己了。不管是在工作中还是在家里，她一辈子都习惯了迎合他人的需求和愿望，早已经忘记了自己年轻时壮志豪情地想要做什么样的人，过怎样的生活。

你是否认为自己没必要得到那些能让你开心的帮助、支持或体验呢？

"我恐怕不需要别人告诉他们爱我。"

"要求伴侣高质量地陪伴我有点不太公平，毕竟他工作那么忙。"

"我真的需要跟老板谈谈，但她还有其他许多重要的事情要做。"

不妨这么想：**成功地维系关系，需要各方都认识到，满足自己的核心需求是一件合情合理的事情。**除非你明白，让自己的需求得到满足是一项合理期待，你不会向自己清晰地阐明你的需求，更不会向工作团队或生活伴侣提及。所以，**务必使劲地撬开你的心门，认识到你有权利阐明立场，说明你对现实的看法，索取自己想要的东西。**

不管是出于惊恐还是勇气，走出自我是寻找高度个性化自我的一部分，这种寻求能让你感受到完全的自我，发自内心的快乐。这是一场对真实的探求，一段完全个人化的过程，你不再将自己与他人做比较，而是选择过自己的生活。这是一个提高生活体验门槛的机会。这是诚信水平的不断深化——“你是什么样的人”与“你的生活是什么样”达成了一致。你不再为了获得他人的赞许，压抑自己内心最深的渴望。就像作家安德烈·纪德（Andre Gide）所写：“就算是失败地过着自己的生活，也好过成功地过着别人的生活。”

真诚有着强大的吸引力。当我们释放真我，释放出能量，其他人能立刻看出它并给予回应。就好像我们把自己点燃，其他人会被温暖所吸引，往火里添柴。

眼下的主要任务，是通过自我探索和自我发展，在个人自我与专业自我之间架起一座桥梁，澄清你当前的工作及个人问题。本章的作业旨在从独创思维和有力行动这两个方面为你提供帮助，让你敞开心扉，摧毁陈旧的自我。部分的陈旧自我对你有过极大的帮助，但另一部分却挡住了你的幸福和成功之路。你能把这两部分区别开来吗？

好消息和坏消息

所有的问题，最终的源头都指向 CEO 办公室。我在 TEC 的同事们经常说：“我们打广告寻找 CEO，来应征的无非是人而已——是人，就有这样那样的缺点和不足。”举例来说，公司远见卓识的创办人，往往缺乏日常运营业务所需的细节关注度。总是亲吻孩子的伤口让他感觉好受些的家长，碰到教导孩子辨识、解决疼痛根源的时候，说不定容易失败。

好消息和坏消息都是相同的消息。这就是：我们的公司，我们的人际关系，我们的生活，都是能准确反映自我的镜子。令人满意的结果，反映的是我们自己运转良好的部分。让人失望、不满的结果，反映了我们自身（信念、行为等）运转不良的部分。

《高难度对话》（*Difficult Conversations*）一书作者道格·斯通（Doug Stone）提出："说某人'至死都坚持操守'，可不是什么恭维话。"当我们对自己的理想化认识固定下来，哪怕有证据说明存在一两处甚至三处瑕疵，我们生活里的人也无从纠正，只能回避我们的缺点，要么就走人。只有当我们全面地看待自己，才能清晰地认识一家组织、一个部门或一段关系。

在研讨班里讲完道格的例子之后，我问学员："如果只用一个词或短语来形容自己，抛开其他，你认为哪个词最准确呢？"在你继续往下读之前，请各位读者亲自试试看，哪一个词或者短语能最准确地描述你？

把它写出来：

研讨班学员斯蒂芬信心百倍地回答："这个词是'专注'。每一个认识我的人都会告诉你，对重要的事情，我总是保持专注，坚持到底。"

等所有学员都分享了适用于自己的词，我说："请想想有没有什么时候，或者在什么情况下，你的所作所为与此完全相反呢？"有人坚持说："我从来不会这样。"

我让斯蒂芬再想想他有没有不专注的时候，他终于意识到，尽管自己在工作上极为专注，但在周末，却经常从事些漫无目的的活动。"我百无聊赖，瘫坐在椅子里，看电视，吃薯条。我并未专注地与妻子共度有质量的时光，或是用于实现个人目标。我有好多年都没碰过吉他了，我告诉自己，我要把它重新拾起来。可它至今仍然丢在柜子里，还断了两根弦。”

我的会计师最近请我签署一份文件，允许她在我“缺席”时代我行事。我笑起来。我可一直是用“随时在场”这个说法形容自己呢，但这也让我陷入了思考。

我什么时候不在场呢？我和什么人在一起时会不在场呢？在我疲惫的时候，在有别的事情占据我思路的时候。每当碰到这些情况，我总会强迫自己回到“在场”的状态，但不见得每次都如愿以偿。

这一练习的目的是帮助我们认识到，我们每个人所展现出来的自我都有多重面目，我们不光只有最好的一面。

在我们成长为领导者的过程中，从平凡人的角度来说，我们的身份认同必须保持灵活。举例来说，你基本上算是一个公正、善良、慷慨的人吗？如果是，很好。你是否有过片刻的期待，希望亏待你的人碰到糟糕的事情？嗯，这同样是你的真我，既不好，也不坏。这只是事实而已。

等我们来到 40 岁、50 岁甚至 60 岁，最痛苦的一种认识，大概就是发现自己再也没有了一清二楚、黑白分明的身份认同，不知怎么回事，你的认同出现了折损。倒不是说你的信用卡或者社会安全号码失窃了，而是你内心有一个声音无休无止地对你说：“这不是你。这不是完整的你。有一部分的你未能完全展现。”

史蒂夫·特西奇（Steve Tesich）在小说《卡鲁》（*Karoo*）里借主人

公之口坦言："我想起来，我早就不是人类了，说不定都好一阵子了。我是一门松垮垮的大炮，任何时刻，任何外力都能触发我旋转、装弹、改变方向。"

正是依靠这种震撼人心的自我洞察，我们才能逐渐认识、重塑、信任那个呈现在他人面前的自己。在生活这面镜子里毫不留情地审视自己，需要勇气。有时候，我们所见的情形不怎么诱人。有人说，**真相必叫你们得到自由——但一开始，它却可能彻底激怒你！**

视而不见的问题可能是要命的问题

每个人都喜欢汤姆·佩罗（Thom Porro），多年来，他是我在西雅图主持的研讨班的一位高级管理人员。他为人风趣，心地善良，坦率真诚，善于发现所讨论问题的根源。汤姆的新陈代谢好得让人羡慕，他身上没有一丝赘肉。这一点让我们眼红不已。他的思想也同样简练切题。

几年前，另一位团队成员唐·奥布里介绍汤姆去登山。汤姆一趟又一趟地前往西雅图最著名的户外用品商店 REI（你所需要的一切运动装备都能在这家店买到），最终买下了所有登山装备，还在妻子的容忍范围内，花了足够多的时间学习这项运动——这一切，叫唐乐开了花。事实上，就在打算和唐一起攀登雷尼尔山之前，汤姆还到阿拉斯加待了 13 天为登山做准备。

四人登山小队按计划分成了两组。唐和一位有经验的女登山家 J.J 一组，提前 4 小时出发。他们计划到达大本营，稍做休息，做好暖胃的饭菜，等待汤姆和登山队领队迈克到来。上午 10 点钟左右，离大本营还有一半距离，唐和 J.J 来到了一处冰川，有人用竹竿标出了推荐路线，目的是绕开一道冰缝。

冰缝上有一座雪桥似乎可直接通往大本营，距离更短，非常诱人。雪桥看上去很结实。可等唐仔细检查了黑洞洞的冰缝之后，认为还是选择竹竿标示出的路线更稳妥明智。他和 J.J 决定绕路。两人到达大本营时，天气晴朗，阳光明媚。这是个很棒的日子。

汤姆和领队下午 2 点到达冰川。他们坐在雪地上，从背包里取出三明治。汤姆朝着冰缝瞥了一眼，又看了看竹竿。汤姆和麦克讨论了该选哪条路，决定这段路由自己在前头领攀。他一口吞掉了手里的食物，转过去对迈克说："我决定走雪桥。"

汤姆迅速行动了起来，没等用绳子把两人结组到一块儿就出发了。迈克还没把背包背到肩膀上，就被眼前的一幕吓坏了：雪桥垮了，汤姆掉下了冰缝。

汤姆擦着冰壁往下落，每一次撞击，好像都撞断了骨头：先是肋骨……左眼下的颧骨……另一根肋骨……踝骨……又是一根肋骨。伴随着与裂缝冰壁的每一次撞击，汤姆的心都在抽搐："这一回会不会摔断脖子？这是我最后一刻清醒的瞬间吗？"

汤姆跌落了相当于 7 层楼的高度。要不是落在了一道向外突出了 3 英尺的岩脊上，他的小命就留在冰缝里了。领队用了几个小时才把他从又深又窄的冰缝里拉出来。每一次扯拽绳子，雪都大块大块地往下落。要是有大雪块砸下来，汤姆就没命了。

唐和 J.J 从无线电里听说发生事故的时候，天色已晚，两人到第二天才从原路下来。下山路上，唐拍摄了冰缝的照片。他和J.J在一家快速冲印店把照片冲洗了出来。他俩一走进汤姆的病房，汤姆第一句话就说："那道冰缝是凭空冒出来的！"

这是一个重要的真相瞬间。多年来，唐和汤姆所在的高管团队进行过多轮关键沟通，而这，似乎是开启新一轮关键沟通的黄金时机。唐深吸了一口气，说："你的样子糟透了，哥们儿，真高兴你还活着。可是，那道冰缝不是凭空冒出来的。那天上午10点选择它都够冒险的。看看这张照片，你是在4小时之后到的。又晒了4个小时的太阳，它肯定又融化了不少。你难道假装不知道吗？"

汤姆看上去的确糟透了。他的一颗眼球惊悚地悬在眼眶下面，几乎看不清照片。他眯起眼睛，前前后后挪动着照片，试着对准焦距。过了差不多一分钟，汤姆突然一动不动，十分反常，一点都不像我们熟悉的爱走神的朋友。一阵长长的沉默后，他喃喃地说："老天啊，我到底在装什么糊涂！"

两个月之后的一次会议，汤姆拄着拐杖来参加了小组对谈。我们请他详详细细地把整个不幸的过程讲给大家听，他讲得冷静而生动，连旁边的人听了都心底冒冷汗，想要赶紧回家亲亲孩子们。汤姆回答了大家的所有问题之后，分享了自己的认识："这下我算知道什么是关键沟通了。我在跌下7层楼高的冰缝时进行了一场这辈子最激烈的对话。时间很短——但永生难忘！"

大家笑起来，汤姆继续说："躺在医院里，逼得我静下心来思考一些事情。我发现，我靠近冰缝的态度，跟我对待生活的态度差不多。一步又一步地朝前走，低着头，不肯抬起眼睛，没时间，只管往前冲，快快快。接下来会发生些什么？不好意思，太忙了。还有事儿要做呢。”

我们点点头。我们了解汤姆，我们也了解自己。我们大多数人跟他没有太大的不同。

然后，汤姆静静地补充道：“这差点就叫我送了命。”

虽然大多数人不曾拿自己的性命去冒险，但我们也经常像汤姆那样做事，不关心别人真正在说些什么、问些什么，甚至也不重视自己的内心独白，从而在会议室里置自己的职业生涯于险境，在厨房里置自己的婚姻于危地。我们把没有意义的言语堆在一起，抱怨今天就跟昨天一样恶心。

展现真我的 4 道作业

以下 4 道作业将帮助你展现自我。它们既要求你大胆，也要求你进行足够审慎的规划。你要以三维立体、彩色宽屏、杜比环绕音效的形式，把自己展现出来。你还要偷偷听取自己的内心低语，因为它们道出了那些你不知道自己已经知道的事。很有可能，你自己的认知会被召唤出来。

首先，你要彻底地审视自己对现在生活的感觉。其次，你要描述未来理想生活的几个重要方面。再次，考虑到当前现状与未来理想之间的差距，你要搞清楚自己必须和其他人进行哪些对话。最后，在和别人进行对话之前，你必须先就困扰你的某个问题，与自己进行一场对话。

走出自我，进行如下对话，让它们变得真实，会带来什么样的回报呢？你会发现自己不再躲在暧昧不明带来的安全感之下（暧昧不明和安全感是错觉），开始追寻清晰带来的结果和动机。你能培养起更深刻的理解，随后，出现更健康、更有效的素质和行为。你控制他人的欲望与顺从他人的意愿将实现平衡。由此，你将朝着你期望的方向前进：更幸福的婚姻，更大的个人自由，更高的专业成就，更适合自己的生活。全面好转，这将是一场觉醒、一场活生生的自由体验。

作业 1：审视生活的感受

安妮·狄勒德（Annie Dillard）写道："我们怎样过一天，就怎样过一生。"你是怎么度过人生的？写下你对自己、对生活、对工作的感受——写几个字、几个词就行，只要它们表达出了你此刻的想法和情感。

我对自己的感受：

我对生活的感受：

我对工作的感受：

作业 2：描述理想生活

给自己写一份演说词，这份演说有若干种形式。

在“原则六”中，如果你是一位领导者，你要为自己撰写，我建议你采用宽泛的视角。你需回答 4 个问题：我要去哪里？我为什么要去那里？谁和我一起去？我如何才能到达那里？

跳出自己的生活，从编剧、导演、制片人和影星的角度去看待它，会很有帮助。情节是什么样的？故事是什么样的？过程是怎么一回事？结局是什么？你不见得总能预料自己会碰到什么样的有趣旅行，但你要到哪里去呢？贯穿你的一生，随着智慧的增长、性格的成熟，你或许会不断修正航向，你的眼界会愈发开阔，彻底摆脱你身上最后残留的一丝不真诚，为了清晰起见，路线和目的地是必不可少的。不过，就眼下而言，你今天所站的地方，对你憧憬的理想未来是有一定影响的。

这项工作需要你投入时间，它也值得你花时间。理想而言，自己静处一两天。实在不行，几个小时也行。就在你的起居室就行——不过，如果做得到，我建议你离开平常生活的环境。视线内景色的改变，能提升你展望人生和事业新图景的能力。

多年来，这种重新审视个人的讲演、与自我进行的关键沟通让我受益良多，为了确保这一对话的质量，我会花上可观的时间。每年 9 月，我都会独自进行 5 到 7 天的长距离徒步活动。我的 9 月之行，目的是重访自己的灵魂渴望，再次明确它，再次对其投入承诺。

1999 年 9 月，我漫步在英国约克郡。这是我徒步的第一天下午，脑袋里的叽叽喳喳声逐渐消停下来。到了第二天，我被大自然之美征服，觉得自己完全活了过来。第三天的大部分时间，我行走在高地荒野。我唯一的同伴是绵羊、野兔和麻鹬。半下午的时候，我爬到一块露尖的大石头顶上，就着风景吃午餐、喝饮料。

再往前走，晚上我就能走到山下的一座村庄。出发之前，我和自己展开了一场关键沟通："我走在正确的道路上吗？我所过的生活，真诚地表达了我自己是什么人，以及我所希望成为的人吗？有什么我假装不知道吗？接下来我该干什么？"我找到了答案。

为什么花时间和自己交谈这么重要呢？因为**所有的对话其实都是在跟自己对话，尽管有时候有其他人参与。**理解这一点十分重要。接受这一观点，将改变我们与生活中其他人建立联系、进行互动的方式。我或许认为我看到的你就是本来的你，但实际上，我看到的你是我所阐释的你。由此带来了非同小可的隐含意义，其中之一是：**我生活中的问题，很少跟别人有关。它们几乎全都和我自己有关。**

这就是说，除非我知道自己是谁，我打算怎样对待自己的生活，我根本没办法走出自我，跟他人进行真正的对话。在回答"谁与我同行"这个问题之前，我们每个人要先回答："我要到哪里去？"切记，千万别把这两个问题的顺序弄反了。

今年 9 月，我将前往瑞士的阿尔卑斯山。天地间只有我独自一人的时候，我的生活会自动重新排列事情的优先顺序。我将焕然一新地回归——回到家人身边，回到公司里，回归我自己，清清楚楚，干干净净。

不管你最终是在家里过了 4 个小时，还是抽空离开了一两天，我向你保证，澄清了这些问题，你的工作、你的人际关系、你的生活会开始转变。你会把理解得最清晰的东西带入生活。麻烦的是，大多数人最清楚的往往是自己不想要的东西。猜猜他们会怎么样？

我们的身体会把大脑发送来的画面体现出来。明确你想要什么，把你想要的东西，在意识的大屏幕上，以三维立体、彩色宽屏、杜比环绕音效的形式展现出来。

不要让你内心的批评家编辑你对以下问题的答案。把现实的考量放到一边去。想到什么就写什么。如果对下面任何一个问题，你听到自己回答说："我不知道。"那就问自己："如果我的确知道答案，那会是什么？"

- 我要到哪里去？（where）
- 我为什么要去那里？（why）
- 谁和我同行？（who）
- 我怎么去那里？（how）

作业 3：与他人的关键沟通

现在，你已经写好了个人演说稿，有能力列出急需与他人进行的关键沟通了。这些对话，兴许是你几个月甚至几年来煞费苦心想要回避的对话。其中的一些，或许是你人生里不能讨论的东西，即你和他人在工作或家庭里回避的主题，也是需要点明并解决、以求让你迈步向前的主题。你此刻尚未解决它们，但现在是时候把它们找出来了。

写下要进行对话的每个人的名字，并就对话主题写上一两句话。比方说：

· 鲍勃（我的老板）：我的职业抱负。尤其是我想证明自己是营销副总裁恰当人选的愿望。

· 简（我的妻子）：我们俩都太忙了。最近，我们在一起的时间不多，没怎么一起开心笑过了。我担心我们的关系开始缺乏新鲜感。我们该怎样应对繁忙生活所带来的挑战，挤出更多的时间有质量地共度呢？

· 艾莉森（我的直接下属）：她的表现确实有所下滑。我感觉没法再指望她把事情做好了。这事对她、对我、对我们所在的部门，都有着很大的利害关系。我想解决这个问题。

· 杰夫（我的儿子）：我想他不知道我有多么为他感到骄傲，我是多么疼爱他。我想告诉他，也想安排一些特别的事情和他一起做。

我需要进行的关键沟通：

当事人	对话主题

作业 4：和自己的开采式对话

在“原则一”中，我向你介绍了我与约翰·汤普金斯进行的开采式对话。现在，我希望你亲自试试看。我请你拿起最困扰的主题，或许是你希望面对、感觉需要勇气但却拿不准自己到底有没有这么多勇气面对的主题。你需要一个小时，就是你一个人，不受打扰。

在准备阶段，找出一个最紧迫的主题，也即你当前职业或个人生活里正在进行、你希望也需要解决的事情。在研讨班上，学员们的主题涵盖了很广的范围……

· 我们的战略计划在纸面上看起来不错，但并未付诸行动。我们的情况越来越糟糕。

· 我在工作上表现不好。我怕会遭到解雇。

· 我的婚姻停滞不前。妻子和我成了室友，不再是恋人。

· 我体重超重。如果我不做出改变，健康状况就岌岌可危了。

· 我觉得我的伴侣有外遇了。上个星期，我发现了更多的证据。我简直要被逼疯了。

· 我怀疑我们的销售经理酗酒成瘾。我听说过一些他在路上发生的八卦。我问过他，但他不以为意。我刚才又听说了一个故事——这一回是顾客讲的。

· 我的女儿可能在吸毒。我知道她肯定不会承认。

· 我的工作待遇不错，但一想到我还要再干10年——干脆现在就把我拖出去给一枪，来个痛快的算了。

· 我在工作上很成功，但人际关系一塌糊涂。我不想孤独终老，但看起来这就是我的命。

只要你对自己足够热情、真实、不拘谨、不自我过滤，开采式对话能帮助你更清晰地探讨问题，加深你的理解，推动未来的改变。它会向你的问题（你内心在低沉咆哮的那个最重要的问题）投去明亮的光芒，让你清清楚楚地把它分辨出来。

那么，现在我们就开始动手吧。写下你对以下每个问题的答案。不要修改，不要编辑，写下来就行。这是一份可用于其他或将来主题的空白开采式问卷。

步骤 1：找出最迫切的问题。

我最需要解决的问题是：

步骤 2：澄清问题。

到底发生了什么情况？

这种状况持续多久了？

事态有多严重？

步骤 3：确认它对当前的影响。

这个问题眼下对我有着怎样的影响？

这种情况现在已经给我造成了什么样的结果？

这个问题眼下对他人有着怎样的影响？

这种情况现在已经给他人造成了什么样的结果？

考虑到这些对自己和他人的影响，我的情绪是什么样的？

步骤 4：确定对未来的影响。

如果现状没有改变，可能发生些什么？

对我来说，它给我带来了什么样的风险?

它对其他利害相关人有什么样的风险?

考虑到这些可能的结果，我的情绪是什么样的?

步骤 5：审视你自己在这个问题中扮演了什么样的角色。

我在这个问题里扮演了什么样的角色?（我是怎样在问题里扮演角色的?）

步骤 6：描述理想的结果。

如果这个问题解决了，它会带来什么样的不同?

我会喜欢什么样的结果?

如果这个问题解决了，其他人会喜欢什么样的结果？

当我想到问题解决之后，我的情绪是什么样的？

步骤 7：承诺采取行动。

为了推动这一问题的解决，我能采取的最有力的步骤是什么？

在我尝试的过程中，会有什么阻挡我的去路？

我将怎样绕过障碍？我什么时候采取这一步？

和自己签下合同……

在这一轮和自己进行关键沟通的过程中，我发现了解决问题的有力举措。我已经选好了采取这一举措的日期，之后还将有其他举措，甚至是很多其他的举措。这一举措是第一个。我承诺一定会去做。

行动：

日期：

现在休息一下，随便走走，呼吸。呼吸是件好事。

把自己当回事

最后一点提示："别往心里去"和"别太拿自己当回事"，这样的建议是对人的误导。一定要往心里去，一定要拿自己当回事。"那又怎么着"的对立面，就是把它当成自己的事，要往心里去！工作是你自己的，领导也要看你个人。归根结底，一切都是个人的事情，假设你已经点明了问题，如果你不把它当回事，你就不够全情投入。你所经历的状况，你内心所翻腾的情绪，都是你自我展示并向他人展示所带来的直接结果。每一天都是如此。

对家里的事情上心，但在工作上保持战略性的距离，这种做法怎么样？如果采用这样的模式，我们最终会在工作上心不在焉。等我们回家之后，会抱怨个没完。我的老板是个白痴，我们的客户不讲道理，我的同事们工作不卖力。而在家里等着我们的人，就不得不承受我们所有焦虑和愤怒带去的冲击。

人不可能把工作和家庭中的自我完全分开。不管在什么地方，我们都是我们自己，不管我们是否承认，每一个与我们互动的人，都能深刻地感受、体验到这种真实的自我。在《流动的恩惠》（*Traveling Mercies*）中，安妮·拉莫特写道：“在这世上，所有的东西通常都蒙着面具、穿着伪装、扑着香粉，所以，当你看到一些真实的、有人情味的东西，你会大受感动……不管这群人有多么神经质、多么讨人厌、多么沉闷……当人们看过你最糟糕的一面，你再也用不着重新戴回面具。而这让我们得以尽情地尝试自我释放、自我接纳。”

金句摘抄

①如果你的行为不能忠诚地表达出你是什么样的人，或者你希望成为什么样的人，你就无法拥有自己想要的生活。

②成功地维系关系，需要各方都认识到，满足自己的核心需求是一件合理的事情。

③真相必叫你们得到自由——但一开始，它却可能彻底激怒你！

④我生活中的问题，很少跟别人有关。它们几乎全都和我自己有关。

原则三

保持专注，不分心

身在现场的力量

Fierce Conversations

我们工作、人际关系和生活的成败，往往来自一轮对话。虽然没有任何一轮对话必然能改变一家公司、一段关系或一段生活，但任何一轮对话也都具备这样的潜力。对话的时候，不管是说还是听，都要把它当成这是你俩进行的最重要的一轮对话。它绝对有可能是。要把它当成大事去参与。它真的可能是一件大事。

> 得到他人理解（与阐释相对）的经验实在太宝贵了，你简直可以为此收门票了。
>
> ——约瑟夫·派恩（B. Joseph Pine II），《体验经济》（*The Experience Economy*）

拥有一个头衔、一份岗位描述、一张结婚证，和成为人们内心深处愿意信赖的人之间有着重大的差异。如果我们希望在组织和个人生活里完成了不起的事情，那么我们就必须承认一项基本的人类需求：**我们必须认识到，人类有着获得理解与关爱的共同渴望。**

如果我们和他人对话时无视这一核心需求，我们的生活就会像是一场令人筋疲力尽的无止境的斗争，非要影响他人去做我们想要他们去做的事，去提升他们的潜力，去完成组织或双方关系所期待达成的目标。我们连哄带劝，我们要手腕，我们下命令，可什么变化也没有。最后期限错过了，场面尴尬，人事关系全都落进了“无人驾驶”状态。

彼得·圣吉（Peter Senge）编撰的《第五项修炼·实践篇》（*The Fifth Discipline Fieldbook*）里有这样一段话：

> 在南非的北纳塔尔部落里，最常见的问候语（相当于英语里的“哈喽”）是“awu bona”，它的字面意思是“我看见你了”。如果你是部落里的成员，你或许可以回应说“sikhona”，意思是“我在呀”。双方交流的顺序很重要：你要先看见我，否则，我就不存在。这就好像，是你看见了我，才令我存在。

只有当我们真正看到了对我们而言重要的人，我们才有望成为积极变化的主体，获得成功。

然而，我们一辈子误解过许多人，我们常常产生这样的感觉：要通过我们日复一日严重起来的愤世嫉俗态度洞悉别人的真实自我，是件非常困难的事情。

菲利普·罗斯（Philip Roth）在《人性污点》（*The Human Stain*）里借用虚构人物之口这样说：“到了一定的年纪，人的猜忌就达到顶点，不愿意再去相信任何人了。”甚至，不愿意再去了解任何人，也不愿意再跟任何人走得太近了。

可是，我们必须学会重建与他人的联结，这种联结，是愤世嫉俗和吹毛求疵的解毒剂。我们必须改变自己说话、提问和倾听的方式。我们怎么去了解另一个人？我们怎么才能跳过客套话（诸如：“你好吗？”“挺好的。”）的阶段？

这需要我们真正地提问，真正地倾听。跟别人在一起的时候，哪怕只是很短的时间，也要全神贯注，毫不分心。

真诚提问会帮我们获得真诚回答

我16岁时，找到了一份暑期工作，为密苏里州堪萨斯城库克油漆清漆厂销售及营销负责人弗雷德·汀布莱克（Fred Timberlake）当助理。我一分钟能敲出100个字，那是很久以前，连方盒子电脑都还没出现，我坐在一台IMB Selectric打字机前，球形的金属字符连杆上下翻飞。我到岗的第二个星期，打字机突然卡住了，我抬头一看，吓了一跳，汀布莱克先生竟然把打字机的电源插头给拔了下来，拎在手里。他面带微笑，递给我一张纸。

“你觉得这套广告版面怎么样，苏珊？”

我瞟了一眼版面，接着朝身后看了看，他一定是在跟另一个苏珊说话吧，另一个能提供高明意见的苏珊。然而，我身后一个人也没有，汀布莱克先生仍然站在我面前，等着我回答。他脸上的表情、他的姿势，还有围绕我办公桌甚至方圆一公里以内一切事物的无声沉默，终于说服了我：他是真心在问我。

我仔细看着广告版面。上面是一大堆油漆罐，还有五颜六色的图片。

我下意识地耸耸肩说：“我不知道啊，我对广告没有任何经验。”不过，我感觉汀布莱克先生怀着真切的期待想要听到我的回答。我不愿辜负他的期望，所以我努力地琢磨着。

“嗯，我妈妈想把客厅重新刷一遍油漆好长时间了，但总是拿不定主意用什么颜色。后来，她看到一本杂志里有幅照片，是个很漂亮的房间，墙上涂着她喜欢的颜色，直到这一天，她才出门去买了油漆。我想，那幅照片帮助她想象出了我们的客厅该是什么样子。如果你能在广告里加上一间涂着漂亮颜色的房间，一定能让人增添不少购买油漆的勇气。”

汀布莱克先生认真地听我说话。等我停下来，他静静地站了一会儿，接着说：“太棒了。谢谢你，苏珊。我要把你的意见转告给绘图部门。”

整个夏天，每当我的打字机突然停下来，我就会微笑着抬起头，准备回答汀布莱克先生提出的另一个问题。在他面前，我变成了一个“大人”。每一个为弗雷德·汀布莱克工作的人，都愿意追随他到任何地方。

多么神奇呀，这件看似微不足道的事情——哪怕是在简短的交谈中，也专注地对待别人、真正地提问、真正地倾听——竟然能唤起他人全身心的回应。中国有句古话说得好：“心诚则灵。”如果有人真诚地提问，我们也会真诚地回答。这样一来，我们双方都得到了校验与印证。

仔细想想你在对话中带入了何种程度的专注。别人说话时，你的思路在哪里？如果是面对面的对话，你是看着站在你面前的人，还是你的眼睛在房间里四处扫视，就好像处在持续监控状态？如果你是跟人电话交谈，你会不会同时浏览电子邮件？如果别人跟你说话时在浏览电子邮件，你能察觉吗？

本章的任务是帮助你学会跟人相处时全神贯注，不走神。在前面两个原则，你已经完成了重要工作。你已经进行了一轮诚信扫描，写出了你的演说词，列出了你需要和哪些人进行重要对话。你已经利用开采式方法，和自己进行了一场激烈的对话。

你在演说词回答的第一个问题："我要去哪里？"你无法回答接下来的问题："谁和我一起去？"——除非你知道那个人是谁。

我希望这个人成为我团队中的一员吗？我希望这个人成为我的客户吗？是时候真心投入这段关系了吗？我真的了解这个人吗？

到本章结束时，你应该准备好和别人进行关键沟通了，这场对话将明显有别于你此前进行过的对话。你将提出问题，认真倾听对方的回答，探索一个重要的议题。任何跟你进行了这场对话的人，都将享受到你全部的关注，感觉自己得到了你的了解——这是一件少见而美好的事情。

对他人保持强烈感情，有助于推动彼此的关系

为了腾出更多的时间进行写作和讲演，我无奈放弃了在西雅图主持的 CEO 学员班，这是我所做的最为艰难的抉择之一。此前的 13 年，我近距离地观察到了这座城里一些最精彩有趣的人生。

每个月，这 16 位企业老总（他们的生意互相之间不存在竞争关系）都会找一天时间碰头。有时，我会在上午请一位外部专家，让他调动小组展开亲密的对话，同时确保大家的学习。下午，我们集中讨论小组里 3 到 4 名成员最为迫切需解决的问题。

- 眼下经济形势如此严峻，我是应该裁员，还是留下他们呢？
- 什么样的客户关系管理系统最适合我的公司？

- 对这轮潜在的并购，你的评价怎么样？
- 我们怎样才能打造自己的品牌？

我喜欢那段日子，也期待着和小组互动。他们真心实意地乐意聚在一起，专注地讨论公司业务，没有别的议程要赶，只是彼此帮助取得成功。只要把某个议题拿上桌，整个小组就会提出尖锐的问题，狠狠地深入开采，直到找出丰富的黄金矿脉。

不过，我感到更满意的，是每个月的另一种互动：一对一的谈话。我先前已经提到过。我跟小组里的一位成员单独相处，没有其他人在场。

客户以种种让人难以忘怀的方式告诉我，这些对话对他们意义重大，丝毫不亚于它们对我的影响。我们拷问现实，激发学习，解决棘手的问题，双方的关系得到了巩固。

在夏秋之交的好天气里，有些客户喜欢走出办公室，在翠湖和我见面。沿着湖边散步大概会用一个小时。围着翠湖转两圈，刚好够时间让当事 CEO 把公司及个人生活里发生的所有事情都讲一讲。我曾犯过一个错误：在同一天里，安排了三轮翠湖谈话。那天，我环湖行走了整整 6 圈。对话进行的过程中，我全情投入，并未察觉什么异样——可第二天早晨，我起床时发现两条腿都酸软了。

我最希望你理解的一点是：这些 CEO 来自各行各业，包括快速原型设计、软件开发、艺术品销售、公众会计、电话电信和商用建筑，我在这些领域可谓是毫无经验。我唯一能做的是对每一位客户保持强烈的感情，对当时当地的主题抱有真诚的好奇心，渴望无止境地学习，并且坚决全身心地对待每一个人。

这些特点也能转换到私人关系当中。为推动人际关系向前向上发展，你必须对他人保持强烈的感情。要你对这个人在当时当地发生的情况怀有真诚的好奇心。你必须每天都渴望无止境地了解他（她）是怎样一个人，他（她）想到什么地方去，以及这一切跟你是什么样的人、你想到什么地方去怎样交织在一起。只要你愿意偶尔把自己脑袋里乒乒乓乓弹来撞去的主题暂且搁置一旁，单纯地跟这个人待在一起，专心致志，对上述一切都将有极大的助益。

或许，你产生了一种不太妙的预感，你担心在某些情况下，这些陪伴并了解他人的善意行为，有可能会叫你无休无止地听一个人唠叨一系列你根本不想知道的无聊话题，比如谁对谁做了些什么那一类八卦的细节。

对大多数人来说，这恐怕没法接受。我们中只有极少数的幸运儿拥有无尽的耐心，有能力对偶尔遇到的每一个人或主题表现出真诚的兴趣。任何人要领导一家组织，或是领导组织内的一支团队，在很短的时间内实现奇迹（这是商业世界对我们提出的日常要求），就更不可能听人信口开河、扯东道西了。繁忙人士腾出来和别人进行谈话的时间，是不可以等闲视之的。他们花时间与别人谈话，是为了启动对方的行为。每一次对话都必须作数。

如果这听起来跟你很像，或是跟某些情况下的你很像，那么下面的话一定会让你感到些许宽慰：

没错，对话就是关系。通过一轮又一轮的对话，你构建、摧毁着自己的人际关系，甚至你有可能让双方的关系陷入死亡状态。然而，创造十分亲密却又无须耗费太多功夫维护的关系，是有可能的——只要进行一次相对简短的对话就能做到。如果你觉得这听起来很对胃口，请继续往下看。

没有人投入，什么也不会改变

我们大多数人，一辈子里总会碰到某个始终像一团谜的人物。某个同事，总像裹在不粘锅材料里，举着盾牌。某个亲戚，你跟他的交流总是以这样那样的误解告终。不管你多么努力，你似乎都不能跟这个人以有意义的方式建立联结。你不知道他从哪儿来，而且，这种感觉有可能是相互的。你忍不住想说："我跟你认识这么多年了，却仍然不知道你是什么样的人，你想要什么。"

这个问题不见得总是因为在一起的时间不多。几乎所有忙碌的家长都会为没花够时间陪伴孩子感到愧疚。大多数夫妇都担心自己未能陪伴伴侣足够多的时间。大多数领导者认为，要是自己对团队里的某个人花上更多的功夫，团队里的那个人也花更多功夫对待自己的下属，事情一定会进展得更顺利。因此，我们把时间分配得七零八落，有时甚至勉强为之。

一位家长坐下来与孩子交谈。一对夫妇把孩子托付给了保姆，外出吃饭。一位领导者安排了和直属下级开会。之后发生了些什么？没什么。不过是隔阂，不舒服的隔阂，在你面前蔓延开来。很多人都只能停留在闲聊的阶段："你怎么样？""挺好的。"

我们不少人都想象过，说几句弥天大谎，比如，"对了，我只有 3 天好活了”，或者“我抢劫了一家银行，正跟特鲁迪酒馆的酒保一起逃跑”。只想看看有没有人真正注意到。

爱尔兰作家努拉·奥法奥兰（Nuala O'Faolain）所著的《我梦中的你》（*My Dream of You*）里，有个叫凯瑟琳·德布尔卡（Kathleen de Burca）的主要人物。她回忆了一次错过的对话。当时，有人陪她去参加颁奖典礼，并告诉她别紧张。凯瑟琳回答说：“我当众从不紧张。”接着，她向读者分享了自己内心的对话。

“这其实是一次邀请，我希望他问我这话是什么意思，我会告诉他，我对着自己认识的人会紧张，但对自己不认识的人就不会。然后他再告诉我，他对此有什么样的感受，诸如此类。但他不知道怎样进行这样的谈话。”

如果人们不曾用心，不曾真正参与，就会错过很多机会跳出通常的对话框框，谈及有趣而难忘的事情。不过，大多数人都觉得问题出在别人身上。可要是这里还有些别的问题呢？要是你自己也很成问题呢？要是你不投入，没人听你说话，没人真正在倾听你，没人真正回应你呢？

也许是你太客气了，自我意识太强了，太过沉湎于自我了，太讲究政治正确了，太谨慎了。最终的结果呢？不知不觉中，我们尽快结束了自己发起的谈话，担心自己会说出些什么不该说的话，听见些什么不该听的内容。

换到职场中，就是如下典型的交流：

“这个项目进行得怎么样了？”

"挺好的。"

"所有事情都顺利？"

"当然。"

"很好！听你这样说，我很高兴。"

没有人真的在提问。没有人真的在倾听。

"今天过得挺好吧？"

"是啊。你呢？"

"也很好。"

"嗯。"

没有人投入，什么也没有改变。

那么，我们该怎么改善这种情况呢？对新手来说，全神贯注地对待别人，是要拿出勇气来的。除非我们准备好和别人就在此时此地，真诚地点明棘手或者复杂的主题，真正倾听对方的回应，同时也给予真正的回应，否则，我们是不可能真正提问的。

我们从哪里获取勇气？在某种程度上很简单：只要你认识到，如果现在退缩了，以后会付出代价。只要意识到，如果你或别人感觉有必要进行一场对话，那它就的确是一场有必要进行的对话。如果一个敏感或重要的话题出乎意料地冒了出来，一定要抓住机会。你在"原则二"列出的那些对话需要马上进行。我愿冒昧地猜测，它们对你的成功和幸福很重要，对对方的成功和幸福也很重要。回避或推迟对话，淡化其重要性，吓唬自己躲开对话，只会推迟坏日子的到来——但该来的总会来。有时候，这么做还会加速坏日子的到来呢。

需要提醒的是，很多时候，人们很容易忘记：我们一辈子要进行的一场最激烈的对话，就是告诉别人，他（她）在我们的生活里有多么重要，我们是多么重视、多么爱这个人。对很多人来说，这是个比提出烦心事还棘手的话题。如果你在第二章列出的对话并未涉及告知某人，他（她）对你或你的组织有多大的意义，请回过头去加上这场对话。

现在，让我们着重讲一讲“身在此地”的基础要求吧：眼神接触。就这么简单，却又是那么难。

柔和的眼睛，柔和的耳朵

很多人在交谈时从不跟对方接触，连眼神接触都没有。我曾有过一次难忘的体验，那是跟一家全球性企业的高层领导马克在一起的事。马克邀请我参加为期两天的务虚会，向他的管理团队介绍关键沟通。我到了现场之后，见到了马克，并跟他推敲这次活动的理想结果，了解团队当前的动态。

马克没有看我。在我与马克的对话中，不管是谁在说话，他都不看我。终于，我忍不住说：“虽然我们一直在说话，但我发现你根本不看我。”

马克笑了笑，看了我一眼，接着别过头回答说：“我还没想好自己是否喜欢你。”

“那也就是说，在你拿定主意到底喜不喜欢我之前，你都不跟我进行视线接触吗？”

他又笑了：“是的，我就这样。”

“你和自己的管理团队成员也这么做？不管你要花多长时间来判断自己到底喜不喜欢他们……总之你没想清楚之前，你都会回避眼神接触？”

“是的。”

“嗯，我感觉到了，你这种回避的态度，回避认可的态度，让我很困惑。你请我来是为了达到你想要的结果。在我看来，我们应该通力合作。我希望感受到你参与了我们的对话，我们说话的时候你看着我，应该会很有帮助。”

这下，马克看着我了。他没笑。我猜他说不定会站起身来说：“没得谈了，你走吧。”可恰恰相反，他想了一会儿，接着说：“那好吧，我们试试看。”

“还有一件事，”我提议说，“如果你在跟自己团队成员说话的时候也不看他们的眼睛，要当心，他们可能会感觉你对他们视若无睹，他们会觉得自己受到了贬低。如果这就是你想要的结果，我实在无法想象。”

半小时后，马克向管理团队介绍我，他说：“苏珊是个言行一致的人，她亲身实践自己宣扬的方法。我体会到了。她告诉我，我在眼神接触上做得不好，让人感觉也不好。所以，我会着手改进的。”

在场的50多人都微笑着点点头。

不过，我并不是建议你在整个对话中都像个疯子那样盯着别人。要是有谁的眼神太过狂热，像钻头一样能把我们钻个窟窿，大部分人恐怕都会退避三舍。我推荐的是“柔和的眼神”。

几年前，我住在东京附近，学习空手道。在每次课程的最后半小时，大家会绕着一个人围成圈，你可以在任何时候，从任何方向攻击圈中这个人，而且不必事前提醒。每当我站在圆圈里，我会紧张地看着大家，我的眼睛扫视着每一个人，不停转动，以免漏掉任何线索。可我常常是被正前方而非身后的人击倒在地。就好像我越是努力看，漏掉的线索就越多。

老师告诉我们，**不必努力把焦点放在单独的一件事情上，而是让视线柔和起来，听凭世界自由展现，我们会看到多得多的东西。**我们能捕捉到微妙的运动，我们的边缘视觉会更为敏锐，的确如此。随着时间的推移，我们的后脑勺长出了“眼睛”，而且来得毫不费力。

我们的听力也是一样。我们有可能听到了每一个字，却错失了整体信息。

在东京举行的一次商业会议上，我注意到有位年轻姑娘不停地写着什么。会后，我说，有人把我们说的所有事情都记下来还是挺好的。

“哦，她并不是在记录我们说的话，”朋友向我解释，“她记的是我们没有说的言外之意。”

“但整场会议里她都没停过笔！”

我的同伴笑了笑。在对话时，拥有柔和的眼睛、柔软的耳朵，自然会有伙伴来找你，与你进行沟通。不是要在某个具体的领域特别聪明或是拥有学历，而是要真正地感兴趣，真正地提问，对回应给予强烈的关注。要全心全意地回应。

多年以后，我为一家猎头公司工作，有人问我是怎么忍受整天给人做面试的。大概这个人觉得，面试求职者一点意思都没有，对方都是一样的。我听了大吃一惊。我自己爱死这些面试了。

有时候，面试结束后不久，会有同事跑来问我："她就是那个上衣领子上有粉红色滚边的人？"要不就是："他戴眼镜，留胡子，对不对？"这些细节我从来记不住。

> 谁会关心那家伙的胡子！他是个好玩有趣的人，业余爱好种植罗勒，能做出美味的意大利青酱来。我不记得他的眼睛是什么颜色，但我知道，他有一对关注细节的眼睛，有着无与伦比的组织技能，还具备奇妙的幽默感。我想他挺适合我们好几家客户的。老天爷，谁会注意到滚边那种东西？

最近，我跟一位女士共事，她有一对灵巧的双手。光是看她手上的动作，我就能够"听出"她想说什么。起初，发现自己老是注意她的手，我还挺难为情的。可这双手实在有太多话要说了。过了一阵，我实在忍不住了，对她说，你的手真是神奇，表现力竟然这么丰富。她看了一阵自己的手，说："今天早上，我穿上外套，感觉袖子里钻出来的是我妈妈的手。"

要倾听的不光是言语，而是要倾听整个人。

听到别人说的话，只是个开始

“与说话相对的是什么？”在许多人看来，这个问题的答案是：“等着说话。”很多人都以为，有人说话的时候不说话，就等于是倾听了。听到别人说的话，只是个开始。你也听出他们的恐惧了吗？听出他们的意图了吗？听出他们的愿望了吗？

最近，在佛罗里达州的一次研讨会上，我请参与者大卫到教室前面谈谈他想解决的问题。我让其余 1/3 的参与者听他讲的内容，1/3 的人听他的情绪，最后 1/3 的人听他的意图。大卫说起自己和体重的持久斗争。他说，要是他不把这个问题放到最重要的位置，他担心自己的健康会受影响；他穿衣服总是感觉不舒服；对他来说，保持健康饮食并多做锻炼是多么重要，以及他跟体重问题斗争了多长时间。

几分钟后，我让大卫停下来，请每一组的人讲一讲自己“听出来”了些什么。内容组几乎一字不差地重复了大卫说的话。大卫点点头。情绪组察觉了他的沮丧、尴尬和无助。大卫承认了这一切。意图组则直接一语中的地说：“你不会真正采取行动改变这一切的。你就是说说而已。”大卫脸色发白，不认同对方的评估。而就在接下来的休息时段，他主动给自己拿了一块巧克力蛋糕。

我们大多数人都听到过，甚至在自己减肥时也亲口说过跟大卫一样的豪言壮语：“我已经准备好了。我要好好控制饮食，开始锻炼了。”

当我们倾听言外之意，分析故事背后的真正出发点，一切就变得清晰明了。我们不光需要用这种方式倾听他人，也要用它来倾听自己的心声。

专注和投入至关重要

几年前，我为一家名叫“体育头脑”的组织做了一些培训，对“身在现场”有了独到的领悟。对我即将在日后为领导者们所做的辅导工作来说，这是一次了不起的铺垫准备。3 名主持人带着工作团队到荒郊野外待了四天，做各种稀奇古怪又好玩的事情。我们爬杆，荡高空秋千，架钢索渡河，走离地足有 15 米高的平衡木。最具争议的活动是第三天晚上玩的武士游戏。我记得，在转换到培训师身份之前，我要先以参与者的身份玩武士游戏。

主持人告诉我们：“每个人都出去，独自待一个小时，不许说话。等你们回到这个房间，你们就变成武士了，你们要像武士那样沉默不语。”

一个小时后，我和其他 60 多位参与者坐在地板上，准备学习游戏规则，我强烈地感觉到，自己和他人身体里都充盈着激情。就好像我们所有人，都被来自很久以前的武士幽灵给“附体”了。主持人一脸“大战将至”的严厉神色，我们心里不免打起鼓来，不知道接下来会怎样。

“武士该怎么坐？”他用低沉的声音问道。

我们一下绷直了脊椎骨。

“武士该怎么听？”

我们的每一根突触、每一个神经元都进入了警戒状态。

接下来的 5 个小时，我们全身心地投入到了游戏里，与其说它是游戏，倒不如说是一场鲜明生动、令人完全信服的现实。尽管我们并没有真正让身体受伤的危险，可许多“战斗”（比如剪刀石头布，举起胳膊直至力竭，用“鹤”的姿势单腿站立）都像战场上那样有真正的输赢。许多武士“被杀掉”了，战场上遍布着大家的“尸体”。偶尔，如果两军交战的时间太长，主持人会叫暂停，让他们各自拖走“阵亡”的将士。

我方“大名”(相当于公司CEO）一次次地选中我去参加艰难的战斗。我把过去从集中精力和保持专注中学到的一切都带进了游戏里。虽然身边正有其他人在激烈战斗，我却全神贯注地投入自己的战斗。我无声无息地观察每一名对手的想法，并传达出我方必胜的信念。有一场战斗尤其惨烈，我跟对手惺惺相惜，而这种同情心，也带给了她坚持到底的信念。我用身心支撑着我们两个人。战斗打成了平局。

出人意料的是，我竟然一直坚持到了最后，彻底体会到了身在现场、关注一切这两者带给我的力量。它不光让我保持谦卑，也赋予了我灵感。依靠积极的关注改变生活的概念，对我来说完全成了现实。**我投入关注，不光是一种达成目的的手段**（不是要讨人喜欢，也不是要让别的人感觉被喜欢、被理解），**更是我体验自己与他人的一种新途径。**我感受到了彻底的平静、清晰、生机勃勃。我的同事詹姆斯·牛顿（James Newton，他是“牛顿学习”公司的创办人）说过一句话：“在焦虑的世界里平心静气地存在。”这就是我的感觉。

如果你是一名武士，你将如何进入一轮对话呢？

做作业前的准备

现在，你已经准备好要跟工作或家里的某个人开展一场奇妙的关键沟通了。我们的老朋友“开采式对话”，是你全神贯注身在现场的好帮手。在你迈出这一步之前，我想先回答几个常见的问题。

我应该怎样搭建这些一对一谈话的框架，为直接下属或家人设定期待？

对方在你公司或人际关系成功中扮演重要角色，这段对话时间，是不受干扰和打断的。人们会根据你的期待或起或伏。如果议程一直由你来设定和推进，那么人人都会期待你这么做。此外，如果你一板一眼地按照议程向前推进，你或许会漏掉一些重要的东西。提前告知对方，做好准备：

> 我们明天见面的时候，我希望和你探讨一下你心目中最值得我们关注的事情，所以，在对话的一开始，我会问："你和我该谈的最重要的事情是什么呢？"我希望由你来告诉我。如果你感觉只要提出某个问题，你就会焦虑，那么，这就是把它提出来的信号了。如果你有自己的谈话议程，我不会打断你的。如果我需要和你谈点别的什么，我会放到谈话最后才说，要不就再安排一次对话。

别人会不会心存顾虑呢？会不会一脸惊慌失措、茫然不解的表情？

你赌一把好了，没什么大不了的。如果他们非要你说清楚见面的原因，你就这么说好了："你对我、对团队、对这个项目很重要。我们应该弄清楚要到什么地方去、发生了些什么、需要些什么。"如果对方表示反对（有可能是因为他不知道你想要说什么，心里发慌），你不妨坚持自己的立场："我相信你有能力找出我们之间应该共同关注的最重要的事情。"

如果有人指出的话题完全跟我想的最重要的事情不一样，这该怎么办？

如果有人想跟你讨论在你眼里微不足道的小麻烦的话，克制住你打断他的冲动，和对方一起进行探讨。为什么要这么做呢？因为如果你请别人提出他眼里最重要的事情，对方告诉了你，你却认为它不重要，反而把你的议程拿出来摆在桌子上，那么，这基本上就是说，你并不是真心在询问对方。这样什么也不会改变，仍然还是老一套放烟幕弹蒙骗他人。如果那个人真的认为自己提出来的主题很重要，那么这个主题就是重要的。跟他讨论吧。你仔细观察就会知道：要是有个人拿出了紧迫的议题，却遭到了他人的无视或拒绝，你大概会看到，前者要么大发雷霆，要么从此遁形。如果你是老板，对方不大可能当着你的面发火，他们可能会把火气倾泻在饮水机旁的同事身上，或者是当天晚上毫不知情的可怜家人身上。至于你，对方会继续微笑、点头、忍受对话，但之后不会出现什么有帮助的事情。如果对方多次回避需要解决的问题，对你来说，这是另一个不同的问题。这一回，需要由你来把问题放在桌面上供大家探讨。

这种一对一谈话有着什么样的合理目标和结果呢？

每一轮开采式对话都会带来一些富有成效的结果，而且整个过程令人难忘。每一轮对话都会把重要的问题拖入现场。每一轮对话都能培养你团队成员的领导能力，培养孩子的成熟度，培养你与伴侣的亲密度。

每一轮关键沟通，都将完成所有应该达到的目标，一个也不漏：

- 拷问了现实。你将持续跟进战场真相。你不会被道路上的意外状况弄得措手不及。使用开采式对话，能帮助你们两人把洋葱一层层的外皮剥掉，直抵问题核心。
- 唤起了学习。你和对方共同学习。事实上，凭借一轮开采式对话，你和搭档有可能学到比其他所有会议上更多的东西。
- 人得以调动起来，去解决严峻挑战。人们会去解决自己提出来的问题，抓住相应的机会。对话结束的时候，人们产生了一种责任感，因为他们理解了对话，他们对结果有了主人翁意识，他们本着自己的意愿采取行动。
- 双方关系将变得更为丰富。你能送给别人最好的一份礼物，并不是你的建议，而是你全心全意的关注。开采式对话要求你克制自己的想法，直到对方有机会形成自己的解决方案之后，你才能发表意见。

一对一谈话该以什么样的频率进行呢？对话多长时间合适？

一切看情况。在职场中，如果对方是新人，那就需要多谈几次。如果对方经验丰富，能力可靠，就不必谈太多。保持灵活很重要，照我的建议，最合适的频率是一个月一次，每次两小时。如果你觉得这负担太重，恐怕是你的直接下属太多了。每年 12 次，邀请身边的每一个关键人物和你一起探讨他眼中最重要的事情。而在个人关系里，这种对话最好每个星期来上一回。

有什么技巧和诀窍能让一对一谈话更有效呢？

开采式对话的过程分为7步，它们将引导你从头到尾地穿越一轮活力四射的对话。然而，校对你的信念体系和下面的过程同样重要。你对他人的看法，势必会影响到你的领导方式，以及你与伴侣私下相处的方式。举个例子，我曾和一位客户共事，他叫迈克。他老是在抱怨自己的管理团队无能。“他们总是在等着我给答案。”就算他们偶尔有答案，答案似乎也很不恰当。迈克无意间向手下效力的人传播出了自己的信念——我才是这里唯一一个有能力进行智力思考的人。既然如此，迈克的信念肯定是对的。你对自己的团队有什么样的期待？对你的家人有什么样的期待？你的期待对他们的行为有什么样的影响？

为什么开采式对话中询问他人的感受至关重要呢？

如果你不询问他人的感受，那就像把人留在一辆豪车里，油箱里却没有汽油，也就是说车哪儿也去不了。**情感就是推动我们采取行动的汽油。**我听许多人——企业高管、朋友、亲戚——详细地讲过，要是某个问题无法解决，会给眼下造成什么样可怕的结果，对将来又有何等不利的隐患……可很明显，他们这辈子都不打算对这件事采取措施。除非他们试探出相关的情绪，他们才真正明白自己将来要付出的代价。只有到了那种时候，燃起的火柴才能真正把火焰点燃。

一对一谈话过程中有哪些最常见的错误？

1. 大部分时间都是你在说话。千万别这样做，就这么简单——真心地提出问题，认真地倾听。如果对方变得非常安静，那该怎么办？深吸一口气，静静地等下去。如果说话的老是你，你是学不到任何从前不知道的新东西的。

2. 把问题从对方手里接回来。不管对方多么擅长把问题再次推到你手边，你都别接这个茬儿。如果有人询问你的意见，你不妨说："等到对话的最后，我会跟你分享我的想法的；但现在，我们还是继续探索你的意见吧。"

3. 不询问对方的感受。在有些人眼里，询问别人的感受是一种很不自然的行为。如果你就是这样，那一定要试着做做看，从经验中学习。如果你未能询问别人的感受，你会发现，对话最终并没有带来太多改变。

4. 传递的信息、给予的指导和指示不明确、不清晰。理想而言，你不应提供或只提供很少的信息、指导和指示。不过，如果你确实有话要补充的话，一定要做到简洁明确。如果你提出要求，请确保对方听到并理解。不要让对方自行加以阐释。

5. 取消见面。别这么做——除非有人死了，比如说你。你自己说过，这些会面很重要。到底重不重要呢？你的行动道明一切。会面既然安排好了，就应该雷打不动。

6. 纵容干扰。关掉你的手机和电子邮件提醒，按下电话上的"请勿打扰"键。如果蜂鸣声、嗡嗡声和铃铛声频繁地打断你，你就不能全身心地投入这场对话。如果你是在电话上交谈，不要让对方等着你去接另一通电话。这不仅不够尊重，而且，当你回到对话里，对话里有些东西就丢失了，没法再续上力。语气、声音、音色、喷涌的情绪，总归跟之前不一样。如果你展开关键沟通，如果你不想浪费对话时间，也不想浪费对方的时间，那就得不允许任何形式的干扰出现。

7. 时间不够用。每一轮开采式对话在结束的时候，都应清楚地说明接下来最重要的步骤是什么。如果下一步需要进行另一轮会话，那就约好时间；不过，很多时候，你根本不需要这么做，因为开采式对话能带来一个奇妙的现象：对话并不因为对话本身的结束而终止。在开采式对话当中，事情自己运转起来。对话是持续不断的。那些经对话启动运转起来的事情，值得我们给予强烈的关注。

8. 自以为这次一对一谈话有效。我认识一个人，每次跟客户进行一对一谈话，都先拿给对方一张表格。他说："当你打开今天的日程表，发现我们安排了这次会面，你的第一反应是怎么样的？选一个。"表格里有7个选项。

- 好，没什么大不了的。
- 晕，又要浪费两个小时！
- 要不取消算了，改天再说？
- 或许我今天能把谈话时间缩短些。
- 太棒了！我需要谈谈。
- 很棒，难得有几分钟能回归理智。
- 其他。

他肯定能得到坦诚的回答吗？那就要看他过去是怎么处理此类反馈意见的了。

练习“专注”

安排跟工作上的某人和家里的某人进行一对一谈话。找一个你感觉正纠结于某问题的人。不要把它想成会议，而要想成对话。使用开采式对话模式。开始之前，先问问你自己：“为了保持全神贯注，身在现场，我需要做些什么呢？可能妨碍我全神贯注的事情，我能想到的有哪些呢？”

一开始，你可以问：“你和我今天应该谈的最重要的事情是什么？”给你的同事或伴侣一点时间，好让他仔细想想你提出的问题。不要去引导对方。如果对方陷入沉默，你不要心痒想着帮他，问一些类似这样的问题：“你说过，你拿不准约翰能否解决。兴许我们应该聊聊这事。”或者：“上个周末我们在一起的时间不多，你好像不太高兴。你想谈谈吗？”

让他们自己做主！如果有人回答说：“我不知道啊。”你应该回答：“那要是你知道，你觉得应该是什么？”这个问题，我是受了禅宗公案的启发，故事里说：如果你什么也没法做，那你会做些什么？提出问题，耐心等待。

下面，花点时间，重新审视开采式对话模式。不过，在你进行对话之前，我建议你读完本章剩下的部分。

开采式对话：简化版

1. 你跟我应该谈的最重要的事情是什么？

2. 说明问题。（某事的）相关进展怎么样？

3. 这个问题对你目前有什么影响？还有谁，或者什么方面受到了影响？重点要放在“目前”这个词上，要让对方把焦点放在目前的影响和结果上。“还有什么？”这话至少要问三次。试探对方的感受。考虑到这些影响，你的感觉怎样？

4. 如果什么也没能改变，这意味着什么？比如，“想想看，要是一年之后，什么也没有改变，那可能会发生些什么呢？”问“还有什么”，试探对方的感受。考虑到这些可能出现的结果，你的感觉怎样？

5. 这个问题或眼下的局面变成今天这样，你是否也要承担部分责任呢？如果有人说“我不知道”，你就问，“可如果你知道，那会是什么？”切莫评论对方的回答，只需要说“认识到这一点很有用”。然后继续进行对话。

6. 理想的结果是什么样的？如果问题得到了解决，它会带来什么不同？问对方，“还有什么？”试探对方的感受。考虑到这些可能性，你的感觉怎样？

7. 为着手解决这个问题，你能采取的最有力的步骤是什么？哪些事情你下定决心要做？什么时候做？我什么时候跟进你合适？

问问自己

在练习开采式对话和“原则三”（保持专注，不分心）的过程中，每一轮对话之后向自己做个简短的报告会很有帮助。问问你自己：

- 我对这个人、对这个人的现实情况，真的感到好奇吗？
- 我是否努力站到他的立场，去理解他眼里公司或人际沙滩球的颜色呢？

- 对方是否表达了自己的感受？是否为问题提出了解决方案？
- 我在哪一方面没有完全地呈现自我？
- 说话最多的是谁？如果答案是“我”，那就错了。

过去 15 年，我一直在传授开采式对话模式，也用它与人共事。我看到了惊人的结果，我和他人的对话无一例外地勘探出了丰富的矿藏。以下的问题也是极好的切入点，能带来难忘的对话。随着你对关键沟通七大原则的深入理解，你会掌握可观的技巧来提出这些问题，针对他人的回答做出巧妙的回应。但一开始就试着使用这些问题也不会有坏处。难办的是，你会听到一些你假装不知道的事情。难办的是，你会为这些问题而有所改变。

更多好问题

开采式对话的第一个问题在大多数情况下已经足够发起一场有益的对话了，但口袋里多揣几个备用问题，总能让人感到更加安心。以下是我比较喜欢的几个问题。

1. 自从我们上次见面以来，有什么事情变得清晰了？
2. 如果你能有所改进的话，把时间、精力和金钱投入到什么领域，会带给你和其他人最大的回报？
3. 有什么事情是目前无法做到，可一旦做到就能改变一切的？
4. 未来 3 个月，你努力想要做些什么？
5. 你所面临的最重要决定是什么？是什么阻碍了你，让你无法定夺？

6. 有什么话题你希望我不要触及?

7. 在你的职权范围下，你对哪一个领域感到最满意? 感到最不满意的领域又是什么?

8. 眼下你有什么不愿意承担的职责吗?

9. 你手下最能干的员工是谁? 为了保证他们的工作积极性和幸福感，你是怎么做的?

10. 你手下最差劲的员工是谁? 你对他们有些什么安排?

11. 你眼下最不愿进行的对话是什么?

12. 如果你有更多的时间，你希望用来干什么?

13. 有什么你不想做或者想委托别人去做的?

14. 如果聘用你来给我的公司做咨询，你会提出什么建议?

15. 如果你正跟我们公司竞争，你会怎么做?

16. 有什么事扰乱了你内心的平静? 有什么事对公司造成了威胁? 对你的健康造成了威胁? 对你的个人成就造成了威胁?

你会怎样回答这些问题呢? 你的团队成员会怎样回答呢? 如果你想邀请一个不太情愿的人敞开心扉，叫他说出自己的想法，问题 14 和 15 特别有效。

“只提问”是实现对话目标的秘密规则

每次进行开采式对话，我都会给自己定下一条秘密规则。在研讨班里，我会演示秘密规则的用法，看看有谁能把它猜出来。我会叫一名志愿者走到房间前面和我展开对话，并向旁观的学员做出如下指示：

在对话进行过程中，请写下两件事情：

首先，你能否找出我为实现对话目标所设立的秘密规则，它是为了——

- 拷问现实。
- 激发学习。
- 解决棘手问题。
- 改善人际关系。

其次，如果是你正在和志愿者进行对话，请把你想问的问题写下来。

在谈话的整个过程中，旁观的学员常常记下几页的问题，每一项都可能是有用的。为洞穿我的秘密规则，他们注意到以下“技术”（“技术”二字打了引号，因为一旦你掌握了开展关键沟通所需的勇气和技巧，就无须再把自己做出的任何一种行为视为技术了；你所做的一切都发乎自然，非常重要）：

- 你找出真正的问题，聚焦于此。

· 你不会被带到无关的岔路上。

· 你让他越来越深地挖掘问题，直到你找到核心所在。

· 你保持视线接触。你的眼睛始终放在他脸上。

· 房间里发生的其他事情完全不会让你分心。

· 你模仿他的身体语言。（我并不是故意要这么做，但有时确实会出现这种情况。）

· 如果他变得情绪化，你并不会安抚他。

· 你点头，发出表示感同身受的声音。

· 你不提供建议，哪怕有时候解决办法看似一目了然。

· 你有效地借助了沉默的力量。

这些观察都很准确，但很少有人真正发现，我的**秘密规则其实是……只提问。**

直到我让对方回答了开采式对话第 7 步里的问题（为着手解决这个问题，你能采取的最有力的步骤是什么？哪些事情你下定决心要做？什么时候做？我什么时候跟进你合适？），我绝不做陈述性论断。我不说假话。我不使用引导性问题，比如“你有没有想过试试……”

你会经受严苛的检验。大多数人在这方面做得都不太好。听到有人说“我有这样的问题”，大多数人都会忍不住跳出来，说：“我有这样的解决办法，或者，对你的问题，我的观点是这样。”

我们许多人都渴望展现自己所知，向同事、客户、家人显示自己的价值。所以，只要有人说“我的问题是这样那样”，我们就会跳出来提建议，讲自己的经历，分享从最新杂志里看到的言论。我们没有意识到，对话伙伴的目光已经呆滞散乱了。

你肯定碰到过这样的情形。一开始，你对某人讲起自己正在纠结的某件事，可你还没讲完，对方就说："我完全明白你的意思。大约3年前……"接着他就抢过了话题，而且跑题跑得没影了。短短几秒钟之内，这场对话就从"说说你"变成了"说说他"。

如果发生这种情况，你的兴趣投入度会发生怎样的变化？你对那个侃侃而谈自己故事的人感想如何？不怎么样，对不对？让我们面对现实吧，你自己也这么做过。差不多所有人都这么做过。

如果我的"声音"似乎占了上风，这并不是你多心。把对话从别人手里抢过来，把话题重心转到自己身上，这样的事情每天都在发生，它不但是人际关系的大杀器，也是在浪费时间。这种做法没有什么益处。即使你的故事非常精彩，也要等你的同伴回答了问题7之后再讲。等到了那时，你或许已经得出结论，你想讲的故事并不相关。

这里的关键在于，要提出好的问题，专心致志地倾听对方，从而吸引对方。如果你做不到，可能就无法跟人建立起深厚的关系。所以，把你头上戴的专家、说书人、万事通的帽子都摘下来吧。两手空空地走进对话。除了你自己，什么也不带。

有可能，你的老板、重要客户、潜在客户、丈夫、妻子、正处在青春期的女儿，或者隔壁邻居，会在对话结束时感觉自己的生活得到了升华，他们的意义世界得到了扩展，满心期待着和你进行下一轮对话。这样的结果，对一轮对话而言，相当不赖。

一场关键沟通不是滔滔不绝地讲述你自己的观点，而是跟对方肩并肩地坐在一起，一起拷问现实，激发学习。你们的目的，是扩展对话，而不是收窄它。对激发学习而言，提问比解答效果好得多。

就算你并未使用开采式对话技术，也不妨每天进行一轮真正由别人主导的对话。

“决策树”是非常有用的职业发展方法

我想用“决策树”来作为本章内容的结束。“决策树”是一种非常有用的授权和职业发展方法。

我快要 30 岁的时候晋升到了自己的第一个管理岗位，公司老总带着我做了一轮练习。她画了一棵树的草图，说：

把我们公司想象成一棵枝繁叶茂、挂满果实的大树。为了确保它的持续健康，每一天、每个星期、每个月都要做出无数的决策。现在，在你的发展之路上，你曾经在以下领域做出过很好的决策（我们一起回顾了这些领域）。我们可以把这些领域想成树叶级别的决策。你做出决定，采取行动，用不着时刻向我汇报。接下来，我们的目标是，把更多的决策推动到树叶级别。这样一来，我和你就都知道你身为领导者的成长情况了。

她指着树的草图，向我解释 4 种决策类型。

树叶级决策：

做出决策。采取行动。无须汇报你所采取的行动。

树枝级决策：

做出决策。采取行动。每天、每星期或每个月汇报你采取的行动。

树干级决策：

做出决策。采取行动之前要先汇报自己的决策。

树根级决策：

和他人联合做出决定，听取多方面的意见。这些决策，如果制定不好、执行有误，就会对组织造成重大损害。

树根、树干、树枝和树叶级决策的比喻，表明了各级采取行动后对组织带来的潜在损益程度。树干级决策不一定比树叶级决策更重要。任何一级的糟糕决策都会对组织造成伤害，但如果你不小心从树上摘了一片叶子，大树不会死。树叶级决策就算做得糟糕、执行不力，也不会害死大树。可树根级决策出现错误，就会导致巨大的伤害了。

我是一个喜欢独立的人，不喜欢有人在背后盯着我看，看到决策树如此清晰地勾勒出我的职业发展道路，我高兴得简直想蹦上天。只要我发现自己无须老总指点也能做出更多决策，我就知道这是在进步了。

决策树有三方面的目标：

1. 清晰地分辨出决策和行动属于哪一类别，好让员工明白自己的权责，能做什么样的决策，采取什么样的行动。

2. 为员工提供一条职业发展的清晰上升通道。如果决策从树根级、树干级、树枝级前进到树叶级，那就说明有进步。举例来说，从过往记录来看，某员工做过不少优秀的树干级决策，那么，要是这些决策能转变到树枝级，当事员工及其上级都应当感到欣慰。

3. 帮助企业自觉地在组织内部培养基层领导，把高层管理人员解放出来，去承担更具挑战性的职责。利用决策树带来的直接结果之一是激发学习，这也是关键沟通的目的。

这是一种很好的方式，告诉员工哪些领域可以自由行动，应该怎样成长。最重要的是，要是你按照决策树模型操作，你的团队成员会承担起更多的责任，你自己的待办事宜清单会变得简短起来。你想必注意到了，待办事宜清单最短的人是大赢家。通用电气公司的一家工厂对所有管理人员说："你们有6个月的时间指导所有下属，没了你该怎么办。"真是高招。给人们提供信息、定下目标，让他们自己看着办。决策树将帮你做到这一点。

此外，决策树还将提高个人责任感。每当我们尽心尽力地向他人的决策提出建议（我们的建议很可能颇为可取），当事人的内心独白说不定会是："太棒了！她把事情办了，想出了所有的点子，我算是脱身了。如果她的点子不中用，反正也不是我的错，我还是好人。总之，我不用把自己或者自己的点子放到风口浪尖上去。我还是安安稳稳地躲起来的好。"

这种有意无意的内心独白，让组织也让当事人付出了极为昂贵的代价。如果你想培养领导者，却经常给他们提建议，只会叫他们无法得到充分的发展。你受不了身边的人提出超过你个人视野范围的解决方案。如果你的员工认为自己的工作就是按你说的做，你就死定了。

通过开采式对话调动对方，用决策树提供清晰的指引，能给人更多的机会展现出自己的才华，培养他们的领导能力。

练习“决策树”

把决策树这一工具用于团队授权和领导力开发。如果你家的孩子正值青春期，也可以对他（她）使用决策树。

向你的直属下级解释决策树。请他们每个人在此后30天里关注所有属于其职责范围的决策，将之归类到树叶级、树枝级、树干级或树根级。和他们一起审视这一结论，就每一个决策在决策树上的归属达成共识。提醒大家，你们的目标是把更多的决策推动到树叶级别。这是领导力的发展路线。达成共识后，划定边界，定下相应的协议。比方说，如果有人来找你，要你帮助他解决一个属于树干级的决策，你就说：“你拿定主意以后再回来找我。等到那时候我们谈一谈。”

附加练习“专注”

在接下来的一星期里，专注于每一轮对话，而且每次只进行一轮对话。在对话过程中，务必全神贯注。

如果你创造了空间，提出了邀请，那么你会体验到全新的经历，而且，如果你不执着于结果，它也不会叫你失望。我将在“原则五”更深入地探讨不执着的意义。

在这个星期里（甚至，我希望在未来的岁月里），你能赠予别人的最珍贵礼物，就是你在这一刻的全情投入，完全在场。我记得曾看过一段动画片，一个巫师坐在办公桌后面。他身后有一座大钟，每个刻度上都标注着“此刻”。

此刻。此刻。此刻。此刻。

现在几点了？到此刻了。就连你的记忆，也是当下这一刻在经历和体验。你唯一能拥有的时间，就是此刻。是什么事情妨碍了你迟迟不去进行对话？把它放下来吧，它会等着你的。只要你能够在此刻全情投入，让每一轮对话都充满新鲜感，你一定会大感惊讶。你会更加了解对方，也会更加了解自己。这全看你的选择了。

金句摘抄

①不必努力把焦点放在单独的一件事情上，而是让视线柔和起来，任凭世界自由展现，我们会看到多得多的东西。

②我投入关注，不光是达成目的的手段，更是我体验自己与他人的一种新途径。

③情感就是推动我们采取行动的汽油。

④秘密规则其实是……只提问。

原则四

今天就解决你最棘手的挑战

切中要害解决你真正需解决的问题

Fierce
Conversations

我们不会因为解决问题而疲惫不堪，只会因为一次次地想要解决同样的问题而心力交瘁。一旦问题得以界定，它就得到了解决。找到路上真正的障碍，正视它。跟进事关你成功和幸福的人。轻装上阵，不设议程。

出现身心俱疲的情况，不是因为我们努力地解决问题，而是因为我们无奈地要反反复复解决同样的问题。手握着手鼓起勇气拷问现实，其实也就是鼓起勇气，把你私人和事业生活里最棘手、最常反复出现的问题拉出水面，迎难而上。

皇帝有可能没穿衣服，圣物可能要被拉下神坛，身份认同可能必须拆掉重来，固有的秩序可能土崩瓦解，你可能会进入不停往下掉的自由落体状态——没错，事事皆有可能。但一场对话带来的自由落体运动，或许正是你渡过难关最迫切需要的东西。

我能听到你在问："再给我讲讲看，我到底为什么非得经历这么一趟折磨？为什么我要主动给自己和公司找难受？"

因为在最棘手问题的另一面，是值得你追求的东西：解脱、成功、健康、摆脱压力、幸福、高绩效团队、圆满的人际关系。

也因为如果你继续回避处理和解决棘手问题，你会尝到更大的苦头。你觉得跟一位高管对峙的成本太高、代价太大？不妨先想想找靠谱猎头公司的费用有多高。你觉得跟生活伴侣解决情感问题太过冒险？不妨问问离过婚的朋友们用了多长时间才恢复理智。觉得组织的痼疾太过复杂，无法解决？不妨去问问那些经历过自己公司倒闭、可竞争对手却屹立不倒的人，看看到底是为什么。

到现在为止，你已经很努力地调动自己和他人参与对话，拷问现实，激发学习，丰富双方关系。本章中，你将获得勇气、掌握所需技巧，直面并解决那些横亘在你和成功之间、你和幸福之间的问题。

问问自己，当前最棘手的问题是什么

在介绍应对严峻挑战之前，我想先说说我弟弟山姆的故事。我和山姆 10 多岁的时候，每个星期六要先做些家务事才能随意玩耍。山姆负责解决我家院子里的鼹鼠。每个星期六早晨，他都会对着窗外叹气。我家的院子简直是鼹鼠乐园。到处都是鼹鼠新扒拉出来的大土墩子，周围还有它们留下的一条条足印。

等山姆鼓足勇气，他就会出门作战。有时候，他会把软管塞进洞穴深处，越深越好。过不了多久，我们的院子就“水漫金山”了。还有一种办法是往洞穴里扔臭气弹，那样的话，我们的院子会变成一个烟雾缭绕、如梦似幻的地方，到处都是喷射臭气的“活火山”，再有就是捕鼠夹。鼹鼠一踩上捕鼠夹，弹簧就会弹起来把它给夹成两半。这场面我想都不敢想。

山姆在打鼹鼠上投入了无数个星期六的上午。他干得顶顶认真。可在他离开家门独立的那一天，他坦白道，他只见到过一只死鼹鼠，还分明是老死的。

多年以后，山姆给我打电话，说：“苏珊，说来你肯定不信，我在五金店排队买东西，前面有个家伙拿着一大口袋不知什么东西，口袋上画着骷髅和交叉的骨头。我问他那是做什么用的，他说：‘灭鼹鼠的。’我又问：‘这东西要怎么弄到鼠穴里去呢？’他说：‘哦，这不是直接用到鼹鼠身上的。你只管把它撒到草坪上，它会杀死鼹鼠要吃的昆虫幼虫。’”

电话那头沉默了一会儿，然后我听到他压低了声音说：“气死我了！”

我不禁笑了起来，山姆继续说：“要是我有这些杀幼虫的药，原来那么多的星期六上午，我就能骑自行车出去玩去了。问题的关键是，我如今还是在打鼹鼠。我每天都在干这种事儿。而且我还是个中高手，满怀热情，称职能干。几乎每天早晨醒来，我身上都压着沉甸甸的待办事宜清单。一大早，我起了床去工作，下定决心要有所进展，想把某件揪心的麻烦事给处理掉。结果，门口却站着一个人，手里拿着一只鼹鼠，说：‘老板，我们碰到问题了。’”

“‘好吧，’我说，‘把问题放在我桌上，我来敲打敲打它。’过了半个或者一个小时，那人拖着鼹鼠走出办公室，我心想：‘这下我要专心做自己的首要任务了。’电话铃响起来，又有个人跑来说：‘我们这儿有只鼹鼠需要您搞定。’到下午 4 点，等最后一只可怜的鼹鼠从我的办公室里被拖走，我已经快要爆发了。要是我一辈子都在打鼹鼠，我就根本没时间想自己的事，我连自己待办事项清单的头号问题都没能搞定。我的日子老是这样过。我承认，这是个问题！”

听起来挺耳熟？鼹鼠打之不尽，打完一只又来一只。对许多人来说，打鼹鼠似乎是职业生涯的一部分。这么说吧，在某种程度上，打鼹鼠有点好玩。人们向你求助，要你去打鼹鼠，能带给你一些满足感。毕竟，你的职业生涯走到了这一步，就是因为你擅长打鼹鼠。再说了，如果你不再是个擅长打鼹鼠的家伙，你又会是什么人呢？你又应该做些什么呢？

所以，我们继续打鼹鼠，到了下午，我们筋疲力尽，把宝贵的经历浪费在了细枝末节上，却没能确定、解决核心问题，也就是招引鼹鼠的昆虫幼虫。

从事业发展的角度来看，致力于打鼹鼠的领导者是没办法进步的，他们的下属也进退两难。身为领导者，你的任务不应该是打鼹鼠，而是消灭幼虫。执行“原则三”里介绍的决策树，有助于你完成这一重要的职责转型。

你是否在躲避自己真正棘手的问题

我刚进入企业高管辅导培训工作时，和一家 T 恤生产公司的老板兼业主吉姆有过一场出奇的会面。

吉姆和我聊了差不多两个小时，盘点他在我们上次会面时敲定的待办事宜有些什么进展，确定了他下个月的工作重点。我们说起要采购一台新的丝网印刷机，谈及了提升销量的战略，还说到要改进高管之间的沟通，跟一位很有才华的刺头设计师磋商。我们说到了一个反复出现的主题：吉姆努力想要维持工作和家庭的平衡。我们还聊了一小会儿两人共同的爱好——飞钓，以及吉姆最近跟好朋友一起去的短途飞钓之旅。

按日程谈满两个小时很轻松，我想着任务结束了，正打算走出办公室的门。可事实上，我们只不过是在打鼹鼠。会面时间还剩十来分钟，吉姆陷入了沉默，往后靠在椅子上。隔了一会儿，他终于开口道："如果该买T恤的人，把需要的T恤都买完了，那该怎么办呢？"

我禁不住打了个激灵。

吉姆接着说："我是说，你想想看，你有多少件T恤？"

"整整一抽屉。10件？ 15件？也可能有20件。大部分都是你送给我的。"

"你自己买过多少件？"

我想了想，说："七八件吧。"

"你最近一次买T恤是在什么时候？"

"好像是两年前。"

"在哪儿买的？"

"毛伊岛，我去那里休假来着。"

"那之后你还去别的地方度过假吧？"

"当然。"

"可你没在别的地方买过T恤。为什么没买呢？"

"嗯……我平时不怎么穿T恤，大多是度假的时候穿。"吉姆等着我寻思，“收拾行李的时候，我直接带上了旧 T 恤。我想把旅游经费用在其他东西上，比如给家人买些小礼物什么的。”

“你会给家人买 T 恤当礼物吗？”

“当然啦，有时候会买。”

“为什么最近没买呢？怎么回事？”

“嗯，因为每个人都跟我一样，已经有满满一抽屉 T 恤了。他们不需要更多了。”

“就是这样。”

我感觉房间里的空气一下被抽光了。这才是我们应该在刚才那两个小时里探讨的话题，可现在我却该走了。还有另一位客户等着我呢。

吉姆平静地说：“我怀疑我们的整个行业正在走下坡路。”

“吉姆，为什么我刚进门的时候我们没有讨论这个话题呢？”

吉姆叹了口气：“我不愿想这件事，也不想谈。但老是躲着也不行啊。我猜，我们的销售量一直上不去，这不是短期低谷。我担心我们碰上了大麻烦。”

在最后剩下的几分钟里，我向吉姆保证，在下个星期的团队会议上，我会从议程表上挤出时间，好让他向同事们面陈此事。我递给他一份用来向团队陈述问题的表格。我在 TEC 国际大会上担任主持人时，使用过若干种讨论问题的表格，我为吉姆一一做了介绍。随着时间的推移，每一任主持都会构建一份独到的表格。以下是我的版本。

提出问题

问题是：

（简洁明了。用一两句话直击问题的核心。这是一种担忧、一场挑战、一次机会，还是一个反复出现的烦人问题？）

它值得注意是因为：

（什么东西牵涉在内？这对资金、收入、员工、产品、服务、客户、家人、时机、未来，或者其他相关因素有怎样的影响？如果问题未能得到解决，对未来会造成怎样的冲击？）

我理想中的结果是：

具体地说，我想要什么样的结果？

相关背景信息：

总结要点：这个问题是在什么时候、什么地方、以怎样的形式开始的？为什么？谁是关键人物？哪些力量在发挥作用？问题的现状是什么样的？

到目前为止，我做了些什么？

截至现在，我都做了哪些事情？我考虑过哪些选择？

我想从这个团队里得到什么样的帮助：

我想从这个团队得到什么结果呢？比方说，想要找到不同的解决方案，想要对正确决定持有信心，想获得对结果的认可，想知道有什么地方可寻找更多信息，希望有人对现有计划提出批评。

我请吉姆填好表格，开会之前发送给同事，为我们的讨论做好准备。

界定问题

如果团队成员有问题要提，那么，在开会前准备好问题陈述，能避免问题阐述得不够连贯、解释得不够充分。此外，有效利用时间，能赢得与会人员的感激。而最让与会人员感到欣赏的一点是，准确界定问题。

帕特·穆雷说过："只要问题得到了清晰的界定，就相当于解决了。"

花些时间来训练怎样界定问题很值得。如果它要费些功夫，那就拿出些功夫来。遗憾的是，碰到有人找错了问题，大部分人最多能真诚地帮上半个小时的忙，就再难召唤足够的精力和关注力了。

按照我的经验，对高绩效团队来说，要是他们觉得自己在做一位同事本应提前完成的工作，心情会很沮丧。他们喜欢事情尽量简短。他们喜欢旗开得胜。充分的事前准备工作，一来能帮助团队成员理解问题及其重要性，二来也能迅速向团队提供相关信息及背景，方便日后顺利开展工作。

组织里反复出现的问题有哪些？制度对此做出了怎样的反应？问题是从哪里产生的？最初带来问题的"幼虫"是什么？

这就是摆在桌上的问题，这就是它之所以重要的原因，这就是我想达到的目标，这就是你必须知道的事情，这就是我在考虑的出路，这就是我需要你今天办成的事情。

别急着提问

一旦问题摆上了桌，团队的作用是什么呢？很遗憾，只要有人一说“我碰到了一个问题”，大多数人就回答：“我有解决的办法。”同伴还没来得及把问题说清楚，我们就按捺不住地要回答了。我们在“原则三”介绍的秘密规则，目的之一就是要避免这种行为。没错，我们每个人都可能有解决办法，甚至还可能是很不错的解决办法。然而，我们的解决办法，只是无数种办法里的一种。

如果我们的任务是为公司、为团队、为家庭做出尽可能最好的决策，或者是帮助他人做出这样的决策，我们就需要接触到所有可行的选项。我经常看到有人带着问题来找团队，说：“我正在考虑选项 A、B 和 C。你们认为哪一个最好？”结果，他发现，竟然还存在着一个此前他根本不知道的选项 Q。而且，选项 Q 周密完备，天衣无缝。

团队成员急急忙忙给出的解决办法，往往都是“看见鼹鼠就打鼹鼠”这种水平的，完全忽视了“幼虫”这个根源。不管当事人曾花了多少功夫来准确地界定问题，仍有可能并未击中要害。**别急着给出解决方案，最好还是多花些时间请当事人澄清问题。**

主持人引导这种对话的时候，他最重要的作用是在整轮对话里创造空间，帮助个人和团队认清对话到底是要谈些什么，到底需要谈些什么。如果你负责引导讨论，要鼓励同伴们多花时间来提问。请记住，不要使用引导性的问题，这相当于作弊。你的点子可能很棒，也绝对合适，但别急着插嘴。

团队探讨问题前的准备

如果你是团队的成员，在讨论中充当主持人，那么，为了提高团队讨论问题的质量和结果，我推荐采用以下流程：

- 在向团队提出问题之前，要求准备得尽量充分。
- 帮忙做准备，创建并采用适合你所在组织的问题准备表。
- 如果有新的成员加入团队，在最初的一两次帮助他们填写表格，为会议做好准备。你希望他们准确地界定问题，清晰简洁地介绍它，有效利用团队时间。主持人帮助新成员取得成功，赢得整个团队的尊敬，新成员会心存感谢。

在阅读以下针对主持人的建议时，不妨想一想，怎样把这些指导原则运用到自己向他人寻求建议或支持的对话里。此外，这些指导原则还能帮助伴侣和孩子参与有益的鼓励性对话，找到问题的解决之道。

主持人的指导原则

1. 确保团队成员在开会前，或者开始陈述问题之前，提供书面问题表。

2. 一旦当事人提出了问题，预留足够的时间来澄清问题。在此过程中，如果有人太心急出主意想办法，你必须加以干预。

3. 等团队成员弄清了真正的问题，也都掌握了相关的信息之后，就可以进入各抒己见环节了。这个环节需要畅所欲言，无拘无束。你一定要让所有没发言的人都说说自己的想法：“玛丽，你对此怎么看？”

4. 讨论快结束的时候，请所有人用一句话总结自己的建议：“好啦，讨论就到这里。我希望你们每个人都把自己的想法，总结成一句话的建议。我给大家一分钟，请把这句话写下来。我们的问题是：‘如果你是乔，你会怎么做？’”一分钟后，所有团队成员按就座顺序提出自己的建议。最初提问的人不得回应，只须倾听。如果人们知道讨论一定请自己提出具有针对性的建议，要把个人的利害摊开来谈，他们就不会置身事外。同样重要的一点是，所有人的意见都得到了倾听。故此，所有人都处在平等的位置上。

5. 让提出问题的人回答：“你听到了些什么？”如果提问人事先就知道有这样的环节，他必然会在会议过程中密切关注每个人所说的话，尤其是大家在第 4 步里提出的最终建议。

6. 结束讨论前询问提出问题的人：“你想要采取什么样的行动？你打算什么时候动手？”问题的讨论到此结束，皆大欢喜。没有留下任何不明朗的事宜。所有人都知道这个问题接下来会怎么处理。偶尔，有人兴许会回答：“我需要时间来消化这些想法。我想采取什么行动，下个星期一我再告诉你。”

7. 跟进！务必让提问的成员告知团队自己目前的进度、结果怎样、接下来打算怎么做。既然团队付出了辛苦的努力帮助队友，它理应知道后续的情况。

如果待议问题很复杂，各方的想法有可能让问题变得更复杂，不妨将讨论过程录音。会后，把录音交给提出问题的人。这样一来，当事人就不必在讨论过程中做笔记了。她知道录音能完整记下会上的所有内容，所以，她能够自始至终地全身心投入讨论，保持目光接触，真正地倾听。我经常听到人们说："听录音的时候，我发现了一些会上错过的有益想法和点子。"

面对难以启齿的事，我们是怎么处理的

有些东西很难说得出口。不少商业团体和家庭成员都是按照一整套潜规则运作的，它包括了各种难于启齿、说出来风险太大的话题。唉，你上一次犯禁，就在公司里连当了两个星期"贱民"，又或者在家里被伴侣赶到了沙发上过夜。

难于启齿名单上的部分话题，以等价交换协议的形式存在。无须讨论，所有人便凭本能意识到交易业已达成：

- 如果你不泄露有多少人离开了我的团队，我就不说你搞砸了罗斯的账户这件事。
- 如果我买哈雷摩托你不发飙，我就不跟你扯信用卡账单的事。
- 如果你不唠叨我的体重，我就不说你酗酒的问题。

有时候，因为太清楚后果，我们不愿意提那些应该要说的事情。

· 你疯了吗？跟他说起那件事，他会把你的脑袋砍下来！

· 她对团队深感失望，暴跳如雷。其实团队没问题，有问题的是她。可要是有人告诉她真相，那人吃的苦头就太大了。

· 我觉得丈夫有外遇了，但要是我拿着证据直接跟他对质，他一定不承认，还会说是我有问题，一个月都不碰我。

我在跟领导者及其团队共事的过程中，发现大家普遍都有回避棘手对话的天分。人们常常以“我喜欢保守路线”为借口，不去对付难题。其实，对着问题直冲过去，效果好得多。诚然，揭开痛苦的真相（我们自己的，或者其他人的）很棘手。我有个客户，他要谈话的对手，是个一受挑战就变得情绪化、失去理性、戒备森严的人。这位客户说，一想到要去跟这人对峙，“还不如把我拖到兽医那儿来上一针安眠剂呢”。

如果你一想到要去面对某人的行为，心里就打哆嗦——别害怕，听我说，这样的人多得是。光是谈论销售下滑没什么可怕的；直视着某个人的眼睛，指出是她的具体行为导致了销售下滑，这才会叫人全身绷紧。老实讲，我们很少这么做，相反，我们会在午餐或者喝咖啡的时候跟其他人背地里发牢骚——谁谁谁的行为快把我们逼疯了。

作曲家詹姆斯·牛顿对背地里批评人发表了一通独到见解。他问：“你是怎么训练小狗定点拉屎的？把它放进一口箱子。有什么事是小狗在箱子里不会做的呢？拉屎。但愿人在其他事情上也一样聪明。”**向当事人之外的人抱怨，就像在自己的箱子里拉屎一样。如果你真的想解决问题，**

直接去找问题的源头，私下里去找当事人，一对一地正面迎击他的行为。

可以理解，不少人害怕对峙，因为过去这么做没能得到好结果。迄今为止的所有尝试都一败涂地。我们不知道这一回怎样让它变得好些，而利害风险又是那么大。我们察觉到怪物潜伏在草丛中，可今天我们还没准备好要拿下它。又或者，我们并不打算死在这座山上。我们的恐惧可能包括这样一些：

- 对峙可能非但没能解决问题，还导致问题升级。
- 我可能遭到拒绝。
- 我可能会失去这段关系。
- 与对方的行为对峙，可能会迫使我接受没做好准备的结果。
- 我会遭到报复。
- 解决办法比疾病本身还糟糕。
- 我有可能遭遇对方不理性或情绪化的爆发。
- 我可能会伤害对方感情。
- 我可能会发现自己也是问题的一部分。

然而，不面对问题，则有可能带来以下后果：

- 问题得不到解决，反而激化了。
- 我可能遭到拒绝。
- 我可能会失去这段关系。

- 我可能会丢掉饭碗。
- 情绪可能升级，直到有人彻底发作。

你应该明白了吧。

就算你不去直面一个人的行为，我们担心的那些后果也几乎一定会出现。只不过，它会拖更长的时间，而且后果很可能会出现在最糟糕、我们最不愿意看到它的时候，同时还伴随着高昂的代价。

重新定位对峙

第一次听说“关键沟通”这个短语，人们往往以为这就是要你把对别人的看法不遮不挡地说出来。如果这是你的第一印象，我希望现在你已经有了完全不同的观点。

即便如此，说到“对峙”这个话题，不少人还是会想到愤怒的面孔、紧锁的牙关、翻腾的情绪，因为他们总是会把对峙跟消极的语境联系起来。举个例子，假设说你认为狗很危险。门开了，狗走进来，脑袋朝着你，你感到害怕。狗并没有惊吓你，是你的信念在惊吓你。“这类的项目压力太大了。”“我的伴侣一定会生气。”信念决定了你的感受，以及你会怎么做。

我想重铸“对峙”的整个概念。

去年秋天，我搭乘火车从索尔兹伯里前往伦敦，跟坐在对面的夫妇聊起天来。我提到自己正在着手写有关“对峙”的章节，无意间想起，在西班牙语里，“con”（“对峙”的原文是“confront”）这个前缀的意思是“with”（伴随）。因此，“confront”的意思可以是“跟某人一起，面对某事”。对面的女士说：“那‘对话’（conversation）这个词又该怎么阐释呢？我的父亲从来不对话，他都是自说自话（versations）。家里的每一个人，都早就放弃了跟他对话。”

她的话不仅叫我打了个冷战，不知道他父亲听到自己女儿的评论会有些什么想法。对话和对峙都始于“伴随”。“激烈”的对峙，不是冲着房间那头的人大吵大闹，而是两人肩并肩地站着，一起研究问题。所有的对峙都是在寻求真相。真相在谁手里？我们每个人都拥有真相的一部分，没有人拥有全部真相。

让我们记住，对峙就是对话。和所有关键沟通一样，对峙有 4 个目的：

- 拷问现实。
- 激发学习。
- 解决艰巨挑战。
- 改善人际关系。

想想这 4 个目的。当我们准备要跟别人的行为对峙时，我们的义务就是描述与对方行为相关的现实，并邀请对方从他的角度描述现实。一旦大家开始讨论多重现实，就唤起了学习，获得新认识之后，大多数人都乐于采取行动。这样的对话将改善人际关系。

练习“棘手对话”

想一想你需要进行，但身体的每一颗亚原子粒子都不想主动挑起的对话，把它写出来。

例如：

当事人	对话主题
老板	我们公司缺乏清晰有力的愿景。
客户	与你共事很不愉快，很伤神。我们还是早早分道扬镳吧。
工作团队	我们的战略计划看起来不错，但并未付诸执行。
经理	你那套不容侵犯的规矩导致了叫人无法忍受的问题。
员工	你团队的同事跟你相处困难，抱怨颇多。
同事	你经常对团队成员隐瞒重要信息。
伴侣	我爱你，但我不再喜欢我们两个人在一起的生活了。
伴侣	你对工作的投入度，似乎远远高于这段婚姻。
青春期的叛逆儿女	我担心你最近在性方面太活跃了。
朋友	我担心你酗酒成瘾。

下属很有才华，但为人太露锋芒，怎么办

我会向你介绍一套模型，帮助你成功完成这场对话，全身而退。但在此之前，让我们先来看看山姆的故事。这位山姆不是我的弟弟，而是一家软件公司的 CEO，他碰到了一个必须解决的问题。

山姆是个很有想法的领导者，也是一个很善良的人。有一次，我走进他的办公室，跟他进行月度一对一谈话，他神采飞扬。他告诉我，他成功地招聘了软件行业的神奇人物杰姬，她做事从来不延误。杰姬答应在山姆的软件开发团队担任 8 个月负责人，把公司最新版的软件从概念变为现实——8 个月是山姆估计的完成任务所需时间。山姆和竞争公司激战正酣，都想抢先把最新、最小巧的产品推向市场，山姆认为："有了杰姬领导团队，我们一定会在预定日期完成项目。能签下杰姬非常幸运，她原本有很多选择，包括到一家竞争企业去工作。但她选择了我们，明天就来上班。这真是太棒了，美好得就像是一场梦！"

短短 30 天后，山姆就吃不消了。我问他："今天我们需要谈的最重要的事情是什么？"

"你是不是听我说过这事儿太棒了，美好得就像是一场梦？你真该踹醒我。"

"怎么回事？"

"杰姬来了一个星期之后，我在停车场碰到了软件开发团队的约翰。我问他事情进展如何。他说，事情有点紧张。我问他这话什么意思，他告诉我，前一天，他在杰姬的办公室向她询问一些问题，杰姬说：'我没时间给你进行私人辅导。你最好自己抽空搞定。'约翰告诉我，杰姬对人好像一贯

如此。我当时想，他们肯定能解决好的。毕竟，大家都是成年人，在各自的领域里也都是专业人士。我以为这无非是前进道路上的小波折。”

山姆深深地叹了一口气。我插嘴说：“难不成竟然是一颗地雷？”

“嗯哼。一个星期后，我在大厅碰到莎拉，她对我说：‘你大概听说开会的事儿了吧？’‘什么会？’我问。她告诉我，是软件团队的碰头会，会议进行到中途，大家都给弄得目瞪口呆。似乎是存在某个软件故障，没人知道怎么解决。他们只好坐着，看着杰姬画的挂图。突然，杰姬一把扯掉挂图，把它揉成一团，朝身后一扔。她说：‘我还以为你们会更优秀呢。我签合同的时候可没想到要跟这样的团队共事。’说完她就大摇大摆地走了。其余的人全傻坐在房间里。”

“啊？这……”

“你知道我感到最沮丧的地方是什么？我竟然到现在都还什么也没做。”

“山姆，你难道……”

山姆苦笑了一下，把我的话接了下去：“……假装什么不知道？唉，你知道我这个人讨厌冲突，我心里怀着幻想，认为这一切都会过去，他们能处理好。”

“结果愈演愈烈？”

“今天上午，彼得（山姆的第一个员工，他的密友，除了山姆之外对公司文化影响最大的人）传来了坏消息。他走进我的办公室，关上了门对我说，有些事我必须知道。”

“听起来就不太妙。”

“是啊，我当时想，‘这回又是什么新的噩耗？挪用公款？性骚扰？

行业间谍？’”

“中奖的是……”

“还是杰姬。彼得承认，他时不时地会接到猎头公司打来的电话，但他从来没接过，也从来不听对方的夸夸其谈。他对我说，昨天他又接到这样一通电话，可这一次，他听了。他甚至还安排好要跟招聘人员见个面。”

我脸上的表情，跟山姆同样凝重起来。

山姆继续说：“他对我说，他刚刚取消了会面，他并不想走。我当然会追问他是怎么回事，他说：‘一想到还要和杰姬合作 7 个月，我就头痛。毫无疑问，她很有才华。但她为人锋芒太露，周围的人免不了被她伤害。我恐怕不是唯一一个怀疑自己忍不了 7 个月的人。’”

山姆叹了口气：“我一定要跟她谈谈了。今天就谈。”

在介绍我为山姆做谈话准备所采用的模型之前，请把自己放到山姆的角色上想一想。假设说你不希望炒掉杰姬，至少现在还不到时间。理想而言，你希望拯救这段合作关系。你该跟她说些什么打开对话的局面呢？往下读之前，稍微想一想。对峙的时候，前 60 秒是关键。如果你没有准备好开场白，而是一头跳下去，指望着这一次的结果会有所不同，那么，你很可能会犯以下 5 种常见的对峙错误。

错误 1：最近进展怎么样？

我对研讨班的学员们讲述了山姆的故事，问他们会怎样开始与杰姬的对话，总有人提议说，山姆应该这样开始：“嗨，杰姬，最近的进展怎样？”

我们很多人参与过这样的对峙：“你在公司感觉如何？”或者“你对自己的表现评价如何？”

这样的开场白既没有礼貌，也不诚实。再说了，你骗不了任何人。你一开口要别人评价他最近的表现，对方可能马上就会在心里说：“哎呀，很明显，事情不像我想的那么好。”

假设你是杰姬。老板来到你的办公室，坐下来问：“杰姬呀，最近的进展怎么样？”你马上会怎么想。不太妙，出事了。毕竟，你已经知道事情的进展不太顺利。那是你的团队，你身在其中。你同样有雷达灵敏的亲信，你察觉出老板另有所图。

我们大多数人隔着一英里[1]远都能嗅出别有所图的“图”来，而且我们不喜欢这一套。“最近的进展怎么样”是切入坏消息的老一套了。那我们会怎么做呢？如果你是杰姬，你会怎么回应？大概会是这样：“很棒！创意方面有点碰撞，但我们正在努力解决。”听上去挺耳熟？现在对话来到了什么地方？绝对不是什么有用的地方。

大多数人会尽量长时间地靠吹牛皮来熬过虚张声势的对峙。有些人精于此道！不要给他们机会。如果你真正想说的是“你的工作危在旦夕”，那就直说，清楚，明白，冷静。

错误 2：用恭维拉开对峙

那么，历史悠久的“奥利奥饼干式做法”又怎么样呢？你知道奥利

1　1 英里≈1609 米。

奥饼干吧——外边是两块巧克力，中间是奶油夹心。偶尔，我们许多人听到过建议，不妨先以恭维拉开对峙，接着切入真正的信息（奶油夹心），最后再盖上一层恭维或鼓励的话。

"亚当斯报告你完成得很好。"接着开始使劲批评，负面反馈，"但你这个星期几乎每天都迟到，上个星期还旷工两天。工作越堆越多，其他人都在抱怨了。"最后来一句，"我可全靠你了。你是个了不起的人，贡献很大。"

我们大多数人要么这么做过，要么碰到过这种做法。我们并未意识到这种方法的缺点，也就是说，只要某个权威人物说"你在某某方面做得很好"，我们就会直接抓狂，等着他往下接着说"但是……"，这就等于是一张涂满了奶油的脸，一大颗糖衣屎球。"奥利奥饼干法"大受欢迎，令许多人一听到有人恭维自己就满头大汗，担心接下来会是一记狠踢。我们明明是说着好话，却不知道为什么对方一脸等着我们扔破鞋的样子。

人们应该得到比这更好的待遇。即使他们没有提出这样的要求，我们每个人也有义务提供清晰直接的信息。人们应该知道要求到底是什么，会按什么标准对他们加以评判，评判怎样（包括态度），他们现在的表现如何。该表扬的时候别吝啬。但如果要表扬，对话务必突出重点、清晰。把表扬留给值得庆贺的具体行为和结果吧。**不要用表扬引导对峙。**

错误 3：信息表达太过委婉

第三种方法是软化信息，以求减少冲击，避免伤害他人感情。避免造成痛苦是件好事，也是人性的一部分。我还记得，我女儿小时候学骑自行车，我真希望拿着垫子躺在路边。麻烦的是，有时我们在信息周围包裹了太多软垫子，把信息本身给淹没了。我们流了那么多的汗水，付出了那么多的情绪能量，却什么也没换回来。我们的员工、伴侣或者孩子，离开时还以为自己不过是在闲聊。

我曾在一家猎头公司担任副总裁。这里的老板，是我理想中的上司。她每个月到我的办公室跟我见面，我一直很喜欢双方的对话。但到第三还是第四次见面之后，我心中升起一种不安的感觉，于是打电话对她说："我很喜欢咱们俩今天共度的时光，但我有种感觉，你是不是想要我做什么事，还是别再做什么事，我担心自己听漏了。"

"啊，苏珊，你的确听漏了。我还以为我说得很清楚了，我希望你去……"

我记不清细节了，但很明显，我没听出她的言外之意来。这叫我想起彼得·福克（Peter Falk）在电影《怪宴》（*Murder by Death*）里的台词："这话的意思只有一个，那就是我对此一无所知。"

好在我主动承认："我常常漏掉细节，而且我特别不擅长阐释别人的言外之意。如果你希望我做什么，请直接往我脑袋上敲，直说就行。"老板和我都笑了。

把"软垫子"换成明确的要求。

这里还有比较次要的一点，虽然我们经常告诉自己，说话委婉、软化信息是为了不伤害别人的感情，但其实我们是想保护自己。我们并不打算应对自己的情绪，自然更不想应对别人的情绪。所以我们等待着恰当的时机——对方的心情恰到好处。如果我们这么做，往往会等很久。很可能，我们永远不会进行这场对话。关键沟通的规则之一是，你必须先动手。什么时候呢？当你厌倦了一瘸一拐地走路，决定从鞋里把石头抖出来的时候。

错误 4：对话前为别人的话写剧本

我们很多人都喜欢在脑海里写剧本，揣测自己提出某个话题的时候，别人会怎么做、怎么说。无疑，如果我们跟某人在家里、在工作上长期共事，预测他的反应很自然。但这也是个问题。

如果我在脑海里把自己要说什么、你大概会说什么像电影一样演一回，即兴发挥的可能性就不大了。任何一方做出新回应或新举动的概率都很小。我把咱们两个人都用对话框圈了起来。这是一个容易理解、合情合理的老框框，但总归是个框框。别指望会出什么意外。

我们在对话之前，就为别人说的话、做的事编写剧本，很可能会深深地陷入我们所期待的响应，就算别人的反应有所不同，我们也不会注意。

她现在看上去似乎并不生气，但我敢打赌，她心里已经炸了锅。我知道她是怎么回事。

如果我们的心理准备工作全部是针对预期反应的，我们的言语会变得冷硬，甚至带着威胁的意思。

我们的身体展现的是思想发送给它的形象，所以，一定要留心你在头脑里设想过的消极场景。它很可能会变成真的。如果你打算进行一场没有摩擦的争论，一场能推进双方关系的对话，不妨也把这样的场景视为可能出现的情形。它同样有可能变成真的。

错误 5：咆哮和逃跑

很遗憾，我们都很熟悉那种火力全开迎击对峙的人。这个人一想到对峙的概念，就吓得肾上腺素喷涌，他跑进房间，咆哮地喊出种种尖刻、报复的言语。他对之前在脑海里演过的消极反应太过害怕，他直接跳过了期待中的防御性演习，一头转入了攻击状态。

当然，这浑球吓坏了。他太害怕了，一等他放完狠话，这个人就埋着头逃跑了，根本没估量自己造成了何等的损害。或许你自己也出过这样的事。如果是这样，下面的模型能带给你极大的帮助，到第 6 章，你还将获得无负担传递信息的额外技能和风度。

我们都曾碰到过这些错误。我们对“对峙”的整个概念非常不舒服，不是怒火攻心，夺门而入，拍着桌子咆哮，接着飞快地跑开，就是信息表达得太过委婉，结束对话时对方还以为双方进行了一场友好聊天呢。如果我们咆哮和逃跑，是在破坏自己的人际关系；如果我们态度委婉，却会让信息丢失，不大可能带来任何变化。

清晰、干净、简洁地传递一条为难的信息，是躲不开的重要事情。如果组织的领导者培养起了所需的勇气和技能，全神贯注，诚实地与同事就待议行为问题进行沟通，压力就不会那么大，大家也不太担心惹上官司。

如果你需要跟一个人的行为对峙，不要一开始就询问对方最近的进展，或是恭维对方。别用垫了把信息包裹起来。直截了当地切入主题，开门见山。在 60 秒内把你要说的话说完，接着立刻邀请对方加入对话。

60 秒？还不够我表达内心累积起来的所有焦虑呢，还不够我向自己讲述以前说了一遍又一遍的长长的故事呢，还不够释放我在脑海里排演的情绪性谩骂呢。

但这 60 秒强大极了。当你经过充分准备，带着技巧，风度翩翩地说完开场白，那么，你全心全意、深思熟虑地邀请对方参与对话，对方就很难拒绝了。很可能，双方的关系会在对话过程中得到改善。请记住，改善人际关系，是关键沟通的目的之一。

当我跟某人的行为进行对峙，或是指导别人这么做的时候，我会使用下面的模型。我帮助山姆准备跟杰姬的对话，也用的是这套模型。它的灵感，有一部分来自韦伯咨询集团总裁克雷格·韦伯（Craig Weber），他曾建议，如果你希望对话避免落入最糟糕的发展方向，就应该：

- 简洁清晰地表明你的立场。
- 阐释你的立场，分享背后的想法。
- 公开检验你的观点，邀请、鼓励他人也这么做。
- 询问他人的意见，主动考察其想法。

我跟克雷格的意见一样，并将棘手的谈话分为三个不同的部分：开场白、互动和解决。让我们来看看对峙最重要的开场白阶段。我稍后会告诉你，山姆和杰姬的互动如何，又是怎样解决的，以及那以后的进展。

开场白

为开场白做好准备至关重要。你要做好自己该做的功课。把开场白写下来，练习怎么说。一定要大声地说。如果你只在意识里排练，等幕布掀起，你或许会为自己实际说出口的那些话感到惊讶。开场白分为 7 个组成要素。

1. 界定问题。

2. 选择一个具体的例子，阐释你想要改变的行为或情况。

3. 描述你对这个问题的感受。

4. 澄清其中的利害关系。

5. 说明你对这个问题该负什么责任。

6. 表明你解决这个问题的愿望。

7. 邀请对方回应。

你有 60 秒的时间完成这一切。让我们逐一探讨这些组成要素。

1. 界定问题。只要问题得到了清晰的界定，就相当于解决了。界定导致问题的行为，以及该行为影响的领域。如果你跟某人有若干问题要谈，先问问你自己，哪一个是核心问题，主题是什么，当事人所有这些问题（或者大部分问题）有什么共性。厘清思路，界定核心问题；不这么做的话，对话就会缺乏重点，你们俩最终都会迷失方向，深感沮丧。举例来说，想到发生的一切，山姆采用了这样的开场白："杰姬，我想和你谈谈你的领导风格给团队造成了什么样的影响。"

2. 选择一个具体的例子，阐释你想要改变的行为或情况。考虑到你只有 60 秒来完成整段开场白，这个例子务必简洁，不能是冗长的故事。此外，如果有人曾经唠唠叨叨地批评你做了些什么小事让她心烦的话，用不了多久，你的目光就开始游离，整个人进入关机状态，要不然就是准备为自己开脱。等她停下来喘气，你就着手凶猛反击。所以，例子一定要简短。必须举例吗？是的，必须举例。碰到有人对我们生气或失望，却又拿不出具体的例子来说明是什么惹恼了他，他的说辞就失去了可信度，能够轻松加以反驳。花点时间，想一个击中要害的例子。还是用山姆举例。“我听说，约翰提问的时候，你告诉他你没时间做私人辅导，他应该自己抽空搞定。我还听说，开团队会议的时候，你扯碎了挂图，把它揉成一团扔在地上，说你签合同的时候可没想到要跟这样的团队共事，之后就走了。”

3. 描述你对这个问题的感受。为什么要这么做呢？因为情绪是非常个人化的。告诉别人，他的行为唤起了你什么样的感受，这是一种亲密的表现，能让对方撤下心防。你让对方知道你受到了影响，你坦承了自己的脆弱。和流行观点相反，我相信，如果你的确感受到了愤怒，那么，平静地说一句：“我很生气。”这句话能带来极大的冲击力。大喊大叫、手舞足蹈，只会适得其反。也有可能，你的感受是关心、牵挂、悲伤、惊恐或沮丧。不管你到底有着什么样的感受，请如实描述。如果你伤心、害怕，直接说。不管是在职场还是在家里，人都会体验到这样的感受，承认这些感受是恰如其分的。举例来说，山姆用一句简短的话表达了个人的感受：“我很关注这件事，也对它有可能导致的后果很害怕。”

4. 澄清其中的利害关系。换句话说，这件事为什么这么重要？对你正在对峙的当事人，你认为他的行为有可能带来什么样的风险？这对你自己、对其他人、对客户、对团队、对组织或者对家庭，有着什么样的利害影响？这对双方的关系，有着什么样的利害影响？请使用“利害关系”这个词组。这几个字具有情绪冲击力。当你说出“利害关系就是这样”，对方一定会抬起头，瞪大眼睛。请沉着冷静地进行表述。在对峙过程中，你不应该采用威胁恫吓的态度，而应该简单清晰地说明事情的重要性。例如，山姆说："这里头牵扯到的利害关系太大了。我的一位老同事因为不想与您共事，已经考虑要离开公司了。这是个好人，而且，等你远走高飞了，他仍然会在这里干很久，我不打算失去他。赶在最后期限前完成任务，这至关重要。我们行业领军企业的名声岌岌可危，我们会丧失对职业的自豪感，客户会感到不满，我们还会损失可观的经济收益。或许你并未感受到什么风险，杰姬。就算这里没弄好，你可以离开我们，而且毫无疑问能很快找到另一份工作，但对我们来说，风险就太大了。"

5. 说明你对这个问题该负什么责任。你需要回答一个问题："我的行为方式，为什么会导致或者促成了这些让我感到十分不满意的结果呢？"在对峙别人的行为之前，我们必须先看看自己的一亩三分田。这里没必要长篇大论地检讨。就算你想，60 秒也不够你用。简短地承认你也有份促成这个问题，你打算为此采取措施，也就足够了。

我经常懊恼地意识到，我该承担主要责任的地方是，未能在一段关系或一个项目启动之初，清晰传达出自己的期待。不管是在职业还是个人关系当中，我发现，绝大多数问题都来自对涉事各方缺乏明确期待，剩下的问题则来自对合理期待缺乏问责机制。想想你所要对峙的行为，你可能会发现，其实大多数都是你早该料到的。提前明确说明哪些行为和结果可以接受，哪些不可接受，你能避免许多问题；如果你跟同事或家人在关系一开始就提出了明确的期待，双方达成了一致，就算日后每年需要回过头去加以提醒，任务也会简单得多。比如，你可以说："我对这件事也该负责，因为我忘了跟你一起审核你的优先事项和截止日期。我会改正的。"又比如："几个月前我就该告诉你我对这事感到多么不安，可我没有，结果，我俩的关系进一步恶化了。这是我应该承担的责任。为此，我很抱歉。”如果你认为自己对问题没有丝毫的责任该承担，那就略过这一环节。山姆承认自己应该早一些插手处理。他说：“你和其他同事之间的罅隙越来越大，我却没能及时提醒你注意，这应该是我的错。”

6. 表明你解决这个问题的愿望。一定要用“解决”这个词。“解决”意味着门外没有埋伏着火枪手，你并不打算将对方扫地出门。这不是终止或结束。事实上，采用此模型解决对峙行为或问题，更多的是会挽回一段关系，而非结束它。“我想要解决这件事”，表达了你方的良好意图。此外，你应该再把问题说一遍。这样，你兜了一整圈，开头和结尾都绝对清晰地指明了桌面上的主题。例如，山姆说：“这是我想和你一起解决的事情，杰姬，也就是你的领导风格给团队造成的影响。”

7. 邀请对方回应。每当有人跑来对峙我们自己的行为，我们或许会感觉是上了法庭，自己未经审讯，就无端端被判处有罪，只能乖乖地听着判刑的日子和方式。可这一套模型没有攻击的意味。相反，它非常清晰简洁地从个人视角描述了这一具体行为或问题的现实情况。我们很安心，因为对话的目的是要解决问题。现在，我们得到了加入对话的邀请。对话才刚刚开始。举例来说：“我想弄清楚，从你的角度来看，事情是怎么回事。请告诉我，你和团队之间是怎么回事。”

我猜有些读者或许在想：“听起来倒是不错，可你一点也不了解埃德（这里也可以是雪莉、马克或伊莱恩）！我需要跟他高论一个严肃的问题，但我可以现在就告诉你，他这个人才不讲究什么公平善意呢。我该怎样打动这样一个人，让他走出自我，进入对话，让对话变得真实起来呢？”

请求他这么做。让你自己真实地投入对话。这就是你能做的一切。

所有的对话，其实都是在跟自己对话——只是有时候有其他人参与。

你或许很难理解这个想法，但请务必掌握它。否则，你尽管清楚对话的重要性，却仍止步不前。出于我在研讨班里最常听说的一种担忧，你始终无法进行对话。

未能在对话中调动一个人的最常见理由是："他们应付不来。"其他类似的说辞是："他们戒心甚严。""他们会受到伤害。""他们不会谈论这个的。""他们会变得情绪化，不讲道理，愤怒，没有逻辑。"接着还有一句得压低了声音说："他们小心眼，会报复的！"

就因为一个人功能失调，他就挟持了整个群体，让所有人都主动回避急需解决的主题——我见过无数的企业团队和家庭，陷入了这种人的胁迫。这个人告诉我们：要是你胆敢提出这个话题，跟我谈这些我不愿面对的事情，你会后悔的。扯破脸，大家都难看。哪怕我们意识到自己必须解决这个问题，我们仍然会听到自己心里在打鼓："他应付不来，他还没有准备好。"

其实，我们应该意识到，是我们自己应付不来，是我们自己没有准备好，是我们自己缺乏勇气。关键沟通不能依赖别人怎么回应。如果你人生的成败有赖于一轮对话，如果对话本身就是双方的关系，那么，你一定要保证：你要进行这些对话。换句话说，**既然你知道某件事必须有所改变，那么，你就要知道：改变它的那个人，一定是你。**你的任务是发出邀请。如果邀请遭到拒绝怎么办？再次邀请。还是遭到拒绝？再做一次。根据我的经验，只要邀请发送得优雅娴熟，哪怕是那些你几乎想要置之不理的人，也会接受的。

开场白要无可挑剔，发出诚挚的邀请。如果你生活里有谁始终拒绝进行急需的对话，你或许会在开场白里这样说："没有人掌握（相关主题）全部真相，我也没有。我希望我们俩肩并肩地一起拷问现实，就像是我们一起迈下台阶，一次只迈一步。如果局面变得让你害怕，我们可以坐在台阶上休息，直到准备好再继续进行。你可以这么想，我们手里握着电筒，朝问题打着光。我们俩都可能会看到一些新东西。我们俩都可能找到好的视角。如果我们是在鲁米的青草地上进行这番对话，超越是非对错，我们双方都能有所学习。"

如果有人来找你，说出了这样一番话，接着又用我们探讨过的模型指明了一种你在其中扮演了重要角色的问题行为或情况，你会怎么回应呢？没错，你或许会想，这家伙是不是冥想练习得有点走火入魔了？但我敢打赌，它无论如何会吸引你的注意。我曾使用诸如此类的话为指明问题做准备，也曾用它们帮助别人为高压问题做准备。你当然可以使用不一样的说法，但不管怎么说，一定要找到合适的说法。

我经常向工作团队提问："如果采用 10 分制来评价坦率度，10 分代表对方直截了当、毫无保留，那么，你希望对方以何种程度来与你对峙，告知他对你的言行有什么样的看法或感受呢？"

出人意料的是，大多数团队成员说："9 分或者 10 分吧。"最近有人告诉我："我想，要是在星期一，我能接受 10 分对峙，星期二能承受 9 分，星期三 8 分，星期四 7 分，星期五 6 分。但在周末我可不想承受压力。"于是我追问："你认为现在这种对峙局面，算是多少分？"对方的回答大概是："3 分吧，最多 4 分。"其实，我们拥有的勇气，远远比同事们想的要更多。

我们可以让迫切所需的对话为自己带来渴望的结果，也可以找各种借口，为自己没能进行这些对话而推脱。但我们不能两者兼得。你是要找借口，还是想得到结果？我们必须自己选。

你会选择哪一个呢？

对困扰、烦躁我们的问题保持关注，既丰富了我们的人际关系，也简化了我们的人际关系。我们都用不着想方设法地琢磨对方真正的所思所感——因为这是一场令人精疲力竭却又彻底徒劳的努力。

山姆用了差不多45分钟来准备、演练自己的开场白。他涵盖所有的基本要素，避开了常见的错误，说完要花大概60秒。把所有的零件组合到一起之后，山姆的开场白是这样的：

> 杰姬，我想和你谈谈你的领导风格对团队产生的影响。我听说，约翰提问的时候，你告诉他你没时间做私人辅导，他应该自己抽空搞定。我还听说，开团队会议的时候，你扯碎了挂图，把它揉成一团扔在地上，说你签合同的时候可没想到要跟这样的团队共事，之后就走了。我很关注这件事，也对它有可能导致的后果很害怕。这里头牵扯到的利害关系太大了。我的一位老同事因为不想与您共事，已经考虑要离开公司了。他是个好人，而且，等你远走高飞了，他仍然会在这里干很久，我不打算失去他。赶在最后期限前完成任务，这至关重要。我们行业领军企业的名声岌岌可危，我们会丧失对职业的自豪感，客户会感到不满，我们还会损失可观的经济收益。或许你并未感受到什么风险，杰姬。就算这里没弄好，你可以离开我们，

> 而且毫无疑问能很快找到另一份工作，但对我们来说，风险就太大了。你和其他同事之间的罅隙越来越大，我却没能及时提醒你注意，这应该是我的错。这是我想和你一起解决的事情，杰姬，也就是你的领导风格给团队造成的影响。我想弄清楚，从你的角度来看，事情是怎么回事。请告诉我，你和团队之间是怎么回事。

如果把山姆和杰姬的对话简化一下，那么，它大概是这样的：

> 你的团队有几个人跟你相处困难。我给你举几个我听说的例子吧。这就是我的感受，这就是我认为牵扯到的利害关系。我承认我对这样的结果也有部分责任。那么，就让我们动手来解决这个问题吧，从你的角度给我讲讲情况。

让我们回到对峙模型，看看山姆说完开场白之后发生了些什么吧。

互动

8. 询问对方的观点。虽然对峙的互动环节只有一步，但对话的主体部分出现在这里。你已经向伙伴发出了邀请，现在，你开始倾听。这里是肯定会对现实加以拷问的地方。如果谈话伙伴说了一些你很难认同的事情，你一定要克制住自己反驳的冲动。单纯地倾听，这才可能激发你自己的学习。提出问题，深入挖掘，以求充分地了解。阐释对方的说法，看看自己的理解是否正确。不要满足于表面信息。举例来说："这方面请多说说看。我的看法很不一样，所以想弄清楚对你的想法，弄清楚你是怎么得出这样的结论的。"你也可以这么说："我可以把刚才听到的内容重复一遍吗？我想落实一下，我是不是真正理解了你的意思。"

在互动阶段，我们经常受到严峻的考验。对方的评论或行为让你简直想跳过桌子掐死他，这种时候克制住自己的情绪可不容易。当我们挣扎着理解对方眼里不同的现实，有必要记住：在所有的对话（包括对峙）当中，我们都是根据自己高度个性化的滤镜在阐释对方所说的话。你不能一听到伙伴说出跟自己意见不同的事情就跳将起来，开始反驳，相反，你要着重去检验对方的现实、检验对方的滤镜。这里，不妨谨记开采式对话的秘密规则：只提问。

最后，当伙伴知道你已经充分理解、承认他的现实观，就可以进入解决环节了。解决环节是要双方达成一致：接下来应该怎么做。

解决

贯穿对峙的互动阶段，都是在拷问现实、激发学习、推进关系。现在，是时候对接下来该做些什么达成协议了。毕竟，你的目的是要解决问题。下面的问题能帮助你达成所愿：

9. 我们学到些了什么？我们现在来到了什么地方？有什么需要说的话，还一直没说出来吗？还有什么需要解决的？基于双方新的认识，我们怎样才能从这里前进？

接下来，这轮对话又该怎样结束呢？

10. 达成协议，双方均承担守约的责任，并确定一方违反的话怎样追究。

虽然山姆与杰姬对话时我并不在场，但从山姆事后的叙述来看，他显然很好地完成了几件事。首先，他牢记着关键沟通的 4 个目标：

1. 拷问现实。说完开场白，山姆就明确表示，他真诚地想知道，从杰姬的角度来看，事情是怎样的。

2. 激发学习。要想搞砸一轮对话，最万无一失的方法就是怀着根深蒂固的偏见切入。山姆怀着开放的学习心态，愿意接受杰姬的影响。

3. 解决艰巨挑战。再不动手，更待何时？

4. 改善人际关系。山姆打算，就算结束了跟杰姬的关系，也不能让彼此留下怨念。

通常，我们告诉某人说，有其他人投诉他，这位当事人大多会给自己的行为找借口，把事情的前因后果、谁对谁说了些什么详详细细地盘点一番。不要卡在这个环节上。如果只是一次抱怨、一丁点儿的负面结果，你是不会决定现在就找他进行这轮对话的。

山姆一向杰姬发出邀请，让她从自己的视角谈谈看法，杰姬就回答说：“要是有人不舒服，直接来找我不是更好吗？”山姆对这种转移话题的企图早有防备，说：“杰姬，我们这一次是想讨论你的领导风格对团队的影响。从你的立场看到底是怎么回事？”

在对峙的互动环节，山姆给自己定下的规则是，除非再也受不了，他绝不下定论。他不屈不挠地只提问，结果导致了两件事。杰姬发现，自己不会一大早就吃枪子儿——至少眼下不会。她还发现，自己找不到藏身之地，没办法把山姆诱骗到岔路上去。每当杰姬想往灌木丛里钻，山姆都会把她带回来。有时候，他只是平静地说："说回正题吧，杰姬。"她只好乖乖回来。

在对话过程中，杰姬镇定下来，逐渐放下了戒备心，说话更周到了。山姆也了解到自己在这个问题中该承担什么样的责任。软件里的确存在一个任何人都不知道怎样解决的故障（连杰姬也不知道）。团队里没有任何人对这个特殊的问题有过任何经验。杰姬的担心也是顺理成章的。她素来有着从不延期的好名声，而现在，她却碰到了一个没人知道该怎么解决的问题。很自然，她担心这个项目可能对自己的声望造成损害。我们大多数人都听说过这样一句话，**哪里有愤怒，哪里就有恐惧。**倒不是明白了这一点一切就回到正轨了，但山姆也开始理解杰姬的弦外之音。

进入解决环节后，山姆承认："我对团队的能力做了错误的估计。我还以为在这个项目上，我们所需的人手都齐备了呢。但很明显，人手不齐。你认识什么拥有相关经验的人吗？"

"当然。我刚好认识这样的一个人。我不知道他现在有没有空，但肯定能帮上忙。"

"嗯，这超出了预算，但我愿意拿出钱来招揽他。要不然，你给他打个电话，问问他有没有空可好？"

"没问题。"

"现在，请告诉我，你打算怎么做。"

或许是因为互动富有成效，甚至颇为愉快，杰姬试图把自己在问题中扮演的角色往小了说："哎呀，我们会没事的。我担保团队很快就能适应。"

正是在这一点上，山姆表现出了自己特别的天赋。我专门提到这一点，是因为这里有一点很重要的经验教训。

山姆静静地坐了一会儿，然后才开口："这还不够，杰姬。你自己必须有所改变。你来说说，你以前在别的地方，是不是也收到过这样的反馈？"

杰姬把身子往椅子后边靠了靠。她的脸红了，眼神掉转到了其他地方。最后，她低声说："老实说，有过。"

山姆等了一会儿，继续说："杰姬，你可以不用改变自己的领导风格。你可以不改，真的。没有人非得改这改那。要想留在这里，你需要做出一些改变，但如果你不愿意，你也可以离开，去新的地方开始新的生活。当然，你将来有可能还会碰到同样的反馈。如果你决定这么做，那就这样好了。我要解决的麻烦就变成另一个了，但不管怎么说，我还是会解决的。从另一方面来说，你也可以决定，这一回是你正视自己问题的机会。因为我们正在谈论的就是这个。你要正视自己。深入你的内心世界，拿起烙铁，重新布置部分线路。对任何人来说，这或许都是个过分的要求，你说不定不愿意现在就这么做。我认为，这对你来说是一个重要的抉择点，所以，我打算明天上午 8 点再跟你碰个头，看看你怎么打算。如果你愿意对自己的领导风格做些调整，我会帮助你、指导你。如果你不愿意，我们就分道扬镳，但请别认为这是我在下最后通牒。"

第二天早上，杰姬看上去就好像被猫给挠了一脸似的。显然，她这一晚过得不太安宁，但她说："我给那个跟你说到的人打了电话，他说现在有空，后天就能来上班。而且，山姆，我想留下来。我不知道接下来会怎么走，但我希望这一路走得顺畅。这是一个令人兴奋的项目，团队里的人都很棒，我感觉这里需要我，原因很多。”

“太棒了，杰姬，我真的很高兴。那就让我们开始干活吧。你的下一次会议什么时候开？什么人参加？会议目的是什么？”

于是，山姆开始辅导杰姬。他并不打算改变她的本质。他只是一步一步地推进，提出很多问题。第一个问题是：“你接下来需要做的事情是什么？”

杰姬苦笑着说：“我想，在这个环节，你会建议我向约翰和团队里的其他人道歉。我讨厌这个。我特别不擅长向人道歉。”两人都笑起来。

7个月后，杰姬和团队如期推出了新产品，把竞争对手远远抛在了身后。旗开得胜之后，公司上下为杰姬办了欢送会，人们纷纷向她表示感谢和祝贺。“我从你身上学到了很多东西。这次合作棒极了。”团队成员都这么说。杰姬也这么说。所有人都十分真诚。临行前，杰姬把山姆请进了自己的办公室。

等两人回来，山姆把我拉到一边，告诉我发生了什么事。他的眼睛闪闪发光。

“山姆，”杰姬对他说，“有件事我想告诉你，”很明显，她努力克制着自己的情绪，“你还记得我们前一阵进行的那场对话吧？你知道我说的是哪一次吧？”

“是的，我想我知道。”山姆回答。

“嗯，那次对话，”杰姬看着山姆，眼眶里滚着泪滴，“那次对话拯救了我的婚姻。山姆，我欠了你一个大人情。如果你需要我，随时给我打电话，我一定回来。我保证。”

山姆和杰姬后来又合作过另一个项目。看到两人建立起一段愉快的事业关系，真让人感到高兴；而看到一位有才华的女性又增添了同情心和慈悲心，更是无比欣慰。

山姆的天才体现在什么地方？他意识到，人在工作上存在问题行为，这种行为很可能会在生活里的其他部分出现，并导致类似的问题。我们在工作上伤害他人、疏远同事，很可能在家里也这么做，伤害、疏远自己关爱的人。同样，我们在家里的行为，也会在职场出现。这有点像橙子。不管你在什么地方挤橙子，流出来的都是橙汁。

当我们拿出勇气和技巧对峙他人行为时，我们其实是在送上一份礼物。当然，这是个双向的过程。听别人谈论有关自己的真相，可能很难受，但这很可能是一口值得开采的大金矿。

这种行为伤人，而这是它导致的结果。这其中的利害关系是这样的。

再深入地想想看：这种行为还出现在你生活的哪些地方呢？它还导致了什么样的结果呢？

爸爸和儿子之间有隔阂，怎么办

迈克尔是我的朋友兼同事，他对我讲了一个他儿子乔的故事。乔现在正到了上大学的年纪。迈克尔对乔深怀父爱，却感觉两人颇为隔阂、梗塞不通，谈话没分量、没意义。迈克尔决定跟儿子好好谈一谈，不管这一次会挖掘出什么样的秘密。于是，他请乔一起吃午餐，并讲出了自己的感受。

乔问：“你产生这种隔阂梗塞的感觉有多久了？”

迈克尔不知不觉地给出了回答，可那答案叫他自己大吃一惊："从你小学三年级开始。"

乔的声音一下哽咽了："爸爸，这是很长一段时间了。"

迈克尔回想起当时的情形，那真是很久以前了。"你刚上三年级的时候，不想去学校了。所以，每天早上我都会追着你跑。我会朝着学校的方向扔球，你会跑出来接球，再扔回去。每一轮扔球都会让我们朝着学校更靠近一点。最终，我们会来到校门口，我把球朝着校门滚过去。你会跑进校门，拾起球，朝我挥手，然后消失。"

迈克尔说出这段回忆时，他和乔都为彼此的情绪感到惊讶。对话之前，两人并不知道会在内心深处发现些什么。但两者都愿意深挖下去。

迈克尔停了一会儿才继续往下说。他好不容易克制住感情，平静地说："我刚刚对你说的这些话，我自己也是第一次正视，而且，我为此感到很伤心。"

接下来的一个小时，父子俩终于找回了重归亲近的路，还定下了一套保持接触的计划。跟乔谈过话之后，迈克尔意识到，他跟自己生活里的另一个人也产生隔阂很久了：他的妻子。

当我们因为害怕触怒他人而穷尽一生去克制自己的愤怒、悲伤、无奈，我们也压抑了自己的喜悦。我们找不到合适的字眼去表达自己的所爱，表达自己为什么而爱。我们没有能力表达深切真诚的感恩谢意。健康的人际关系需要感激，需要对峙。你不要这样说："我很珍惜你，但我也对你很生气。"你要向对方说出更深刻的真相来："我很珍惜你，而且我也对你很生气。"或是，"我爱你，而且我感到与你产生了隔阂"。

练习“开场白”

回想一下你在“原则二”作业3里确认需要进行的关键沟通。你要做的第一步是，写下你将展开这一轮对话的日期。

日期：

现在，从这些对话里选择其一，完成如下第一步到第七步，自己要说什么都详细写下来，为自己的开场白做好准备。

1. 界定问题：

2. 选择一个具体的例子，阐释你想要改变的行为或情况：

3. 描述你对这个问题的感受：

4. 澄清其中的利害关系：

5. 说明你对这个问题该负什么责任：

6. 表明你解决这个问题的愿望：

7. 邀请对方回应：

等你对开场白的最终草稿感到满意之后，就反复练习，直至能够脱口而出。要练到能够直白、干净、清晰地把话说出来。要练到你知道自己站在什么立场，而且能够牢牢地把持这一立场。请务必在预计日期和你所想的那个人进行这场对话。

靠着勇气，多加练习，随着时间的推移，你对棘手而重要话题的不适感会渐渐缓解。你的目标是要跟你生活中重要的人保持沟通。不要让泪水流了又流，也不要让怒火一次又一次地燃烧。

金句摘抄

①花些时间来训练怎样界定问题很值得。

②别急着给出解决方案，最好还是多花些时间请当事人澄清问题。

③向当事人之外的人抱怨，就像在自己的箱子里拉屎一样。如果你真的想解决问题，直接去找问题的源头，私下里去找当事人，一对一地正面迎击他的行为。

④不要用表扬引导对峙。

原则五

听从自己的直觉

为什么凭直觉就可以做出最好的决定

Fierce
Conversations

不要光是相信自己的直觉——要听从。你的雷达屏幕运转正常，出问题的是你的操作员。有一名情报人员每天都在向你发送信息，切入它的频率，保持关注。把这些想法与他人分享。我们以为是幻觉的东西，其实是真相降临前的气息。

只有用心去看，人才能看得清楚；最关键的东西，眼睛看不见。

——安托万·德·圣－埃克苏佩里（Antoine de Saint-Exupery），《小王子》（*The little Princess*）

“你当然早就知道，早在你知道之前就知道。你在烘干机前弯下腰，扯出还带有温度的床单，意识就顺着你的脊梁骨爬上来。你盯着你爱的人，可你眼里什么也没看到：他走了，在他走之前就走了。”

这来自伊丽莎白·伯格（Elizabeth Berg）小说《家庭开放日》的第一段。

你是否记得，曾有一刻，意识顺着你的脊梁骨爬上来呢？它并非出于你的想象。我们每个人都配备了一台精密的校准仪器，我们能靠着它，感知到风暴正在酝酿，大雪即将降下——一场意外的暴雪将至。

总有些时候，事实调查和研究一无所获。此时，我们只需要问问自己："这是对还是错，是还是否，该向左还是向右？"我们知道答案。商人深深吸了一口气，答应要为某个愿景投入资金。爱人放下了过去，投入当下，又或者意识到彼此根本不合适，友好再见。我们的雷达运转良好，出问题的是雷达操作员。

《洛杉矶时报》记者金·墨菲（Kim Murphy）要写一篇在蒙大拿州比特鲁特地区寻找灰熊的文章。墨菲报道说："'寻找灰熊'项目研究员布赖恩·亨廷顿（Brian Huntington），一辈子的大部分夏天都在树林里度过……他早就学会信任自己脖子背后的汗毛了。每当他走上一条小路，脖子后面的汗毛立了起来，他就停下。'别以为这是你多心了，'他说，'很可能不是。'"

有些事不见得总是合乎逻辑——但它们就是有道理。有些事情，我们的智力没能理解，我们的直觉却早就看出了蹊跷。有一位情报员随时随地都在向我们传送信息。我们的脑袋里听得见，我们的肚子里察觉得到，我们的心里分辨得出这些信息，它们会在我们睡觉时找上门来。爱因斯坦最精彩的设想，是在早晨刮胡子时想到的。

别光是相信自己的直觉，要听从它们。直觉说是什么就是什么，而且必须按照直觉采取行动。这种本能的智慧，我们所有人都有。切入它的频率，保持关注。

听从直觉，要求你倾听内心的声音

一个聪明人是怎么做出糟糕决定的呢？肯尼迪总统提出入侵古巴的念头时，只有小亚瑟·史列辛格（Arthur M. Schlesinger, Jr.）一个人对这一决定表示怀疑。可其他顾问却劝史列辛格别把自己的担忧说出来。入侵成了一场灾难。有一个流传甚广的小熊维尼故事，很好地阐释了“顾问小组”陷入的思维困境。

小熊维尼和小猪一起走在路上，他们走了一整圈，低着头，看着地面。突然，维尼说：“你看，小猪，脚印！还有两个家伙不久前走过这条路。”结果，他们顺着脚印又兜了一圈。维尼说：“脚印更多了，小猪！你猜大家都要去哪儿呀？”它们继续绕着圈子，维尼说：“哎呀，看呀！这么多脚印，肯定发生了什么好事儿！这里绝对不止我们俩！”

我们一不小心就冲了出去，埋着头，顺着一条好像有很多人走过的路往前跑。其实，如果我们抬起头看看周围，会敏锐地意识到迥然不同的现实，找到一条不同的路，抵达其他更有价值、从未到过的地方。

听从直觉，要求你倾听自己内心的声音，承认自己内在的参照点，而不是匆忙接受其他的参照点，听从别人的声音。我们大多数人都以为自己内心的声音是错的，是有缺陷的，会让人分心。

如果我们只想得到他人的认可，我们会很快抛弃自己的看法，吩咐自己内心的声音说：“闭嘴！回房间去！”

关键沟通不是要谋求认可，也不是要规劝说服。它是要互相交换想法和感情，并在这个过程中，关注、暴露自己内心的想法，同时也主动邀请对方这么做。

我们的想法、我们的好奇、我们莫名其妙的回忆，还有我们的怀疑，在跟我们大脑里最古老的神经元和突触对话。有些事情，我们知道。有些事情，我们察觉得到。我们不知道自己是怎么知道这些事情的，也不知道自己为什么知道。我们就是知道。举例来说，你在阅读本章时，我鼓励你关注如下因素：对我所建议的做法和你自己的生活，你的意识正做着怎样的关联。跳出我所写的字句，留心你自己阅读时冒出来的想法和感受。

这就是我希望你在对话中做的事。“原则五”要求你听从自己的直觉。本章中，对你生命中最重要的人的想法和感受，你将练习用直觉来把握它们。你将学习怎样运用这种名叫直觉的现象，出人意料地提出爆炸性见解，极大地改善你对话的质量和所得结果。你将学会听从直觉，邀请有不同观点的人来挑战你自己的想法。你会不断用自己的内在参照点来加以校验，确定自己的位置，无须为自己或他人的赞同及控制感到担心。

如果你曾觉得自己在对话中迷失——谁没有过呢？——那兴许是因为你太专注于字面意义，忽视了周围的线索。不要光审视表面证据，不要自动接受表面文章，我们的直觉全天候都方便可用，密切地关注它大有价值。

但我们该怎样接通直觉这一了不起的资源呢？在对话或会议当中，当我们发现自己冒出了一些想法，分心走神的时候，我们到底该怎么做呢？我们不都听过建议吗？要把注意力放在周围的人身上，所以我们努力屏蔽这些不知道来自什么地方的讨厌见解。我们觉得它们很可疑，谨慎地将之藏在心底，就像史蒂夫·特西奇（Steve Tesich）小说《卡鲁》（*Karoo*）里的主人公说的那样：“我的见解很多。我有一大堆真知灼见。但除了在心底越堆越多之外，它们从没给我带来过些许的好处。”

我们怎样进入对话，就会怎样结束对话。可以是避而不谈、注意力不集中、不投入、半睡半醒，也可以是动力十足、身在现场、全情投入、清醒机警。如果想要进入后一种状态（如“原则四”所述），那么，**我们**

要倾听的就不只是内容，还需要倾听情感和意图。

大卫·怀特（David Whyte）在《穿越未知的海洋》(*Crossing the Unknown Sea*）里写道："在和同事对话的时候，我们要倾听水面之下的暗涌；潮汐的涨落告诉我们，她实际的前进方向，跟她嘴里说的恰恰相反。"

不光倾听内容，还倾听情感和意图的"左手栏"

花几分钟，想想你过去30天里进行的对话。想象你正跟同事、老板、客户、爱人、孩子、朋友坐在一起。在你倾听每一个人的过程中，你会想到哪些事情但不会说出来？你对这些想法是怎么想的呢？你会怎么对待这些想法呢？你会不会想："我该说点什么了，可我不知道该说什么呀？"还是说，你知道自己需要说些什么，只是行动却跟想说的话恰恰相反？

就关键沟通而言，这里真正需要的是某种现实校验，一场关于对话的对话。请记住，对话就是关系。

进行一场关于对话的对话，这怎么可能呢？我们做得到的——但是要先进行一场私人的、内心的对话。只有这样，我们才能洞察自己的所思所想。

但我们要怎样才能洞察自己的所思所想呢？听上去很简单，实际并非如此。有时候，我们并不知道自己在想什么——除非我们亲耳听到自己把话说出来。有时候，我们认为，自己的内心对话妨碍了我们身在现场，所以想要把它推开。百分之百地身在现场，意味着全情投入当下发生的一切。这就像一台分屏电视机：

私下的想法 你的想法	公开的想法 你说的话
听不见 / 看不见	听得见 / 看得见
“你真是疯了，我们不能那么做。”	“当然了，没问题。”
“人们对你害怕死了。要他们告诉你真相，没门。”	“你的员工是怎么想的？”
信念：别把你的感受表现出来。	行为：企业应声虫。

我们对自己私下的对话进行过滤，只公开自己认为能入耳、不会让人不高兴、能让我们达成所愿的部分。如果我们将重要想法掩盖起来，我们的学习能力和做出良好决策的能力就受到了减损。但如果我们想到什么就说什么，我们又担心自己会招人讨厌、暴露自己的弱点，把事情弄得更糟糕。

我们的困境是：私下的自我对话，就让它继续在私下进行，换句话说，我们对外使用外交辞令，我们不让自己和他人了解它，因为我们知道，这些话可能会让别人感到不安，又或者，暴露我们自己的弱点。

然而，不知不觉中，大多数人都邀请我们去探访“边界”或前线。为了抵达那里，我们或许首先需要改变一下自己的思考方式。如果我们向下勘探、钻出石油，判断哪里有丰富的矿藏，哪里是垃圾，最后提炼石油并加以使用，那会怎么样呢？要想做到这一点，我们得把自己的直觉视为宝贵的资源。我们不光要关注别人，还要关注、重视从自己内心收到的信息。这种方法，由克里斯·阿吉里斯（Chris Argyris）和唐纳德·舍恩（Donald Schon）设计，并在《实践中的理论》（*Theory in Practice*）一书中首次提出。后来，它有了个名字，叫“左手栏”。

私下的想法	中立区	公开的想法
你想到或感受到，但不说出来的东西。	你意识到了自己的想法和感受，但并不执着。	你看到和听到的东西。是被人分享的、已知的内容。
假设和判断。你私下里的观点。	你并不说它是正确的或者特殊的。它就是它本来的样子。你想要分享它，看看它是否能为对话带来新的认识。	

我曾一度把自己的“左手栏”视为心腹大患。这些私下的想法太叫人分心了。这些疯狂的念头把对话带偏了方向。

> “她为什么说起这个来了？这不是真正的问题所在。”
>
> “我搞不清这段对话的线索了。我完全迷失了方向。”
>
> “他说，计划正在轨道上，但我感觉到一股恐惧的暗流。”
>
> “他说，一切都好。但我认为他才不是这么想的呢。”

事实上，关注自己的“左手栏”，对我而言，有时候就像是写作一样。帕特里西亚·汉普尔（Patricia Hampl）在《记忆与想象》（*Memory and Imagination*）一文中写道：“我坐在黄色的便签簿跟前，前面长长的两段话占了一整页纸，到处是划掉的句子，开头也写错了，语序混乱，一团糟。我脑袋里的一团糟试着发现自己到底想说什么。这是一个作家疯狂而不知满足的思想，而非读者乐于驻足消遣的清晰思路。”

接着，几年前，我读到了卡尔·西蒙顿医生的一些观点。他设在加利福尼亚的诊所，对所谓无法治愈的癌症患者，有着惊人的治愈率。他鼓励患者认真听取自己该做些什么的内心见解。而且，他还鼓励患者尽快根据这些见解采取行动。他这样说：“这些信息，是你自己向自己发送的。你自己的某一个部分，知道怎么做才有助于你的好转。如果忽略这些消息，总有一天，你会无法再接收到它们。你内心提供见解的这一部分会说：‘跟她说没用的。她根本不听。’”

这吸引了我的注意，我决心把直觉当成是强大的工具，好好应用起来。我开始冥想，每天清早都来上一段短暂的安宁时光。我会在冥想快结束时提问：“有什么消息吗？”很多时候，消息真的就冒出来了。

几年前有一回，我正同时处理个人和职业生活里发生的好几件事情，我问自己“有什么信息吗”的时候，信息一下子就弹了出来，吓了我一跳。这是清晰而响亮的两个字：别动。

我还记得自己的反应。“别动”是什么意思？答案立刻跟上来：“别动”就是“别动”，你对哪个部分不明白？

我理解了它的意思。接下来的好几个月，我都把“别动”当成口头禅，它无数次地把我从错误行动的边缘给拉了回来。

直到今天，在每天清晨的安宁时刻，我也会花上一点时间等待静寂上场。想法常纷至沓来。

“我要打个电话给某某，回复电子邮件，去银行，撰写岗位描述，给会计师打电话，回顾目标，更新行动计划。”

我想起电影《直到永远》（*Always*）里女演员霍利·亨特（Holly Hunter）扮演的角色，她梦到了超市购物单：猫砂、薯片、牛奶。和许多经营着组织、过着充实生活的人一样，我会梦到待办事项清单。清晨冥想的时候，我常常得克制住跳出椅子、噼里啪啦忙活起来的冲动。然而，一遍又一遍，我总是发现：**仓促行动会适得其反。如果我静止不动，潜藏的真相会浮现出来，指引我采取正确的行动。**“别动”成了我的一条个人纪律。

我今天的重点应该是什么？我今天努力的主题是什么？我有没有什么信息要发送给自己的呢？有，经常有。在和自己对话的过程中，我常常从废墟中找到金块。对我而言，这些对话愈发宝贵。

我记得有一次，自己面临着一个艰难的决定。它牵涉到离开一家企业客户，该企业的总裁诚信欠佳，却拒绝纠正。毫不出奇，他反反复复地碰到相同的问题，却坚决把罪过推到别的事情上。而且，我还感觉他有点注意力缺陷障碍。他的儿子确诊了此病，我意识到病根出在遗传上。他拒绝去医院诊断是不是这样，哪怕我们的对话总是一个思路或问题都没讨论完，就跳入下一个话题，所有事情都没有解决、没有澄清、没有结论。我们的谈话重点模糊、缠夹不清、兜来转去，让人很恼火。

我逐渐清醒地意识到，尽管我使出了浑身解数帮助他框定讨论主题，也只能暂时地把单次对话限定在同一个主题的边界之内，尽管我也曾对峙了他那些与公司价值观不一致的行为，但总体上看，我俩的共事并不成功，让我十分沮丧。

我的脑子里有个声音发出了呼喊：“你并不是帮助这个人的恰当人选。你只是一个过渡的阶段，他得通过你，前往对他有更大帮助的地方。

退出吧，让别人来接手。”

我意识到，原来我自己的诚信也出问题了。可以理解，我在情绪上筋疲力尽。我不够全情投入，我对自己都没用心。我的一部分敦促我放弃与这位客户共事，另一部分却反驳说：“的确如此，可是……”我抛开了自己的直觉，于是，我差不多有一半的时间都心思恍惚。

那一天，我跟客户见面，我把自己一直以来的感觉告诉了他。我谈到了自己再也无法置之不理的诚信脱节，也谈到了我担心他恐怕患有注意力缺陷障碍，这令他无法进行有效沟通。我告诉他，基于现有的结果，我对他而言并非恰当资源，我认为双方应该停止共事。他说：“我已经料到了。我一直在想你说的那些事。或许，我真的需要去检查一下注意力缺陷障碍了。”我注意到，他完全没有提到任何有关诚信缺失的事，所以我向他表示感谢，谢谢他对我的信任，向他介绍了一些我们两人都认为有用的资源，接着和他握握手，离开了。我感觉自己精神焕发、脚踏实地，下定决心要多多关注自己内心进行的对话。

我们跟他人的对话又是怎么样的呢？在倾听朋友、同事、孩子、伴侣和客户的过程中，我们每个人都会冒出很多的想法。我练习“原则三”（保持专注，不分心）有一段时间了，我努力捕捉、分享那些稍纵即逝的想法与情绪。在关键沟通当中，我的作用不是说出那些容易说的话，或者所有人都能说的话，而是说出那些我们难于启齿的话。我尝试留心其他人或许会忽视的东西，把它们摊开来谈。我们所有人能做到的最宝贵的事，就是找到办法把没法言说的东西说出来。

在这个过程中，“左手栏”方法能协助你。你能把自己的想法，从它们藏身的昏暗角落里拉出来。你能把它们引到亮处，在午夜里逮住它们。以下是具体的做法。

倾听来自你大脑左右两侧的声音，就好像同时在收听两场对话。一场对话是听得见、看得着的对话，也就是字面意义上的对话。另一场对话则发生在你脑袋里面——你的想法和感受是什么。

把你私下的想法和感受带入中立区，关注它们，但不执着。它们没有对错。它们只是存在而已。把它们当成世界上的现象加以对待，就好像你在沙滩上发现的有趣贝壳。等你做好准备，再把这些想法带进公开对话。如果你喜欢，不妨这么说："你说话的时候，我冒出了一个想法，我想和你说说……"

这就是所谓的"感知校验"。它让你的对话伙伴接触到了你的想法和感受，但又不会招来对方的防御，因为你并未把自己的想法视为不容置喙的大写"真相"。

还有一种方法是提出一个问题，开启对方的意愿。举个例子，你可以问："我有些感受（或想法），你现在愿意听听看吗？"假设你的伙伴愿意，有兴趣听，那就分享你的想法。

下面举一个例子，解释怎样应用"左手栏"方法。

内心想法能帮你意识到自己正经历什么

我有一个名叫大卫的客户，他向我讲述了自己20岁的儿子罗恩失踪的故事。罗恩跟一群坏人厮混，上高中没多久就被开除了。罗恩拒绝重返学校，也拒绝接受辅导。他继续跟父母住在一起，但对母亲日复一日地放肆无礼，有一回甚至威胁要动手。此外，罗恩还卷入各种麻烦，跟人打架，惹是生非，而且从不承认这是自己的错。

大卫插手干预，不让罗恩欺负他的母亲；罗恩最近惹了祸，也是大卫把他保释出来的；大卫还想要施加影响，让罗恩悔改。罗恩和父母再次大吵一架，收拾行装，离家出走。家里好几个月都没听到过他的消息了。

大卫却有了一种如释重负的感觉，但这让他很苦恼。“我竟然产生了这样的感觉，这正常吗？”他问，“我的意思是，我们做了所有能做的事，坦白讲，到了现在，我和凯蒂都挺愉快的：我们的家回来了，我们的生活恢复了常态。但我难道不该更牵挂罗恩吗？我难道不该多花些精力去找回儿子吗？”

在大卫详细讲述自己在罗恩手下如何忍气吞声、儿子失踪后他又怎样如释重负的过程中，我注意到，他的声音始终波澜不惊，没有高低起伏。虽然大卫用了许多情绪化的词汇，他自己却似乎没有感受到什么情绪。他颓唐地瘫在椅子里，脸上和身体都没有什么生气。

我一边听大卫说话，一边产生出了一种印象，他说得越久，这种印象就越强烈。我感觉他就像笼罩在了浓雾里，几乎都要看不见了，连对自己都是这样。

这种印象迟迟不去，于是，等大卫停下来琢磨自己说的话，我将自己“左手栏”的想法告诉了他：“我听你说话的时候，有一种你困在了浓雾里的感觉，就像看不见你了，连你自己都快看不见了。你对这种印象有什么想法吗？还是说，这种印象完全出自我的想象？”

他静静地坐着，似乎是在审视自己面前的空间。隔了一会儿，他说：“你大概懂那是怎样一种感觉。我现在什么也看不清楚，很有意思，就好像我失明了一样。我真怕自己会径直跌下悬崖。”

我说：“刚才，你向我讲述你儿子和妻子，还有你们一家三口经历的时候，你似乎没有一点情感，有点像磕了药，失去了一切感觉。是我想错了，还是说这里头的确有点内情？”

他立刻回答：“你想得没错，我真的是已经麻木了。”

“你像这样多久了？”

大卫想一会儿，说：“我想，大概是从罗恩被赶出学校那一年开始的吧，当时我们到处帮他擦屁股，一件又一件，擦个没完，可怕极了。凯蒂跟我都没有时间和精力留给自己了，所有的一切都是为了罗恩，努力帮他，替他收拾烂摊子。”

随着我们对话的推进，大卫意识到，和许多长时间生活在战争地区的人一样，为了生存，他对自身环境的可怕已经丧失了敏感度。更麻烦的是，他麻木得都快到嗜睡症的地步了。他的工作、他跟凯蒂的关系，也因此受到了损害。大卫得出结论，他们一家需要寻求专业治疗师的帮助，看看怎样才能最好地帮到儿子，同时自己也要努力投入生活。

把自己私下的想法公之于众，是需要一定的胆量的。但如果你想到的东西，让你感到不安，甚至希望躲开的话，你大概是碰到了什么很重要的事。就大卫的例子而言，我内心的想法帮助他意识到自己正在经历着什么，以及他该做些什么来帮助自己，这让我很欣慰。

直觉会让我们陷入麻烦吗

我们的直觉不见得总是对的。肯定有些时候，我会对某个问题冒出狂热却又不正确的认识。也有的时候，我就是单纯地茫然而已。我连对话该假装谈些什么都想不出来。碰到这种情况，我会说："我跟你一样困惑。我们该怎样摆脱这一局面呢？"

让我们陷入麻烦的不是我们的想法或感受，造成困扰的也不是我们透露了这些想法或感受。而是我们对它们的执着，我们相信自己是对的。我想要强调的是，**要释放我们认为自己的想法和阐释就是真相的这种执着，这很重要。**即便如此，我宁可把直觉说出来加以核对，错了也没什么大不了的；也不要因为害怕自己错了、害怕冒犯某人，而忽视自己的直觉。我经常对新客户说："我会告诉你们我想到了什么，有些什么感觉，想要知道什么。我会推动你们就重要问题做出决定或采取行动。我站在你这一边。我有可能会做得太过分，碰到这种时候，你必须拦住我。"

如果我们在对话进行了 30 秒就开始揣度动机，判定真相，抛出个人观点，误以为自己处在正轨，误以为自己知道到底是怎么回事，我们就活该陷入困境。我们把自己的印象和阐释当成真相说出来，必定会冒犯他人。

听到别人说"你真正的意思其实是"，紧随其后的就是对方做了一番与真相相去甚远的动机或意义揣度——恐怕很少有人会喜欢这种情形吧。这感觉就像受了侵犯，就像跟人打网球，对方却拒绝待在球网的另一侧。"左手栏"方法就是要教你怎样留在自己的这一侧，不去侵犯别人，同时打出一场精彩的网球比赛。

一位朋友回忆自己跟丈夫进行过的一次对话，这次对话标志着她的婚姻宣告结束。她对丈夫说："你总是在误解我。我自己戴着一副面孔，你却给我戴上另一副黑色的恶意面孔。你将不属于我的想法、感受和动机强加在我头上。你完全弄错了我。"

还有一次，我跟另一个人一同回忆了一次我们两人都亲身经历的对话。我俩都大吃一惊地发现："天哪，他怎么会那样阐释呢？我们可是都在'事发现场'啊。真不明白他是怎么想出那一套故事的。"

大多数沟通的结果，基本上都是误解。我们参加的是同一场会议，参与的是同一场对话，但理解的内容却完全不同。不管一个人说了些什么，我们总会在自己的脑海里私下判断他到底是什么意思，接着把自己的阐释当成真的来采取行动，完全不做检查。他是这么说的，你也听到了。你打算做一件事。然而，接收信息的人却给你的话赋予了你根本没想过的意思。有多少次，你跟别人说："我真希望用录音机把对话录下来，因为那就能证明我从来没那么说过（或者，能证明我是那么说的）……"你们每一个人，都坚信自己的阐释是正确的。

考虑到我们每个人对生活都有着独特的体验（它就像滤镜，由我们强烈秉持的观点、信念和态度所构成，随着我们人生的推进，这三者得以塑造并巩固），出现误解和对话的南辕北辙也就不足为奇了。我们的背景决定了我们对生活内容的感受。通常，我们的生活背景以人生规则的形式呈现。举个例子，问问自己：

房间到了什么程度就可称为"凌乱"？

晚到多少分钟就算是正式的"迟到"？

家里养的狗能不能睡在床上？

你更喜欢鲜花还是塑料花？

每一个人都有着独特的背景，过着与之相应的生活。而当我们生活的内容，包括了自己所参与的每一轮对话的含义与意图，最终又包括了对话带来的结果，事情就变得有趣起来了。

请记住，所有的对话，其实都是在跟自己对话——只是有时候有其他人的参与。

这是因为，我们都不知不觉地、自动地阐释着、曲解着他人的言语。我们不断地阐释着自己听到的他人所说的一切。反过来说，我们自己的话，也在不断受着他人的阐释。如果你跟某人的对话始终是消极的，有没有可能是因为你怀着一种信念，不断地消极阐释着这个人所说的一切呢？

在关键沟通的过程中，对话双方并不坚决地认为自己的立场就是不可置疑的真相。相反，他们会把自己的观点视为有待跟对方验证、探讨的假说。

对话双方都要承担一项责任：自己的意思要说清楚，也要确认自己是否清晰地理解了对方所说的意思，最重要的是，要放到我们体验对话的语境中去检验它。纽曼主教曾说过："我们可以相信自己的选择，也要为自己选择相信的东西负责。"

看看我们选择相信的东西是多么经常地带来误解，我们不免要面对一个问题。一方面，跟那些在每一轮对话中都一贯误解我们的人继续花时间，会导致双方的关系走向僵局或终结；另一方面，我们应该怎样对待那些可能出现的误解呢？当我们的"左手栏"一次次地发来信息："这里出问题啦，有点不对劲。不知怎的，我就是觉得事情不像表面上那么简单。”我们应该怎么做呢？

刚开始尝试“左手栏”方法，将自己私下的观点提出来供他人考量，你或许会觉得很别扭。我们常常说：“全凭感觉来。”在对话中跟着感觉走，其实是个不错的做法。

如果是你，你会不会问“你是不是在酗酒”

有一年，菲利普和我每个月都要谈上一次，大多是在星期一早晨。菲利普很好交际，跟我一样有着拿死亡开玩笑的幽默感，喜欢笑，对自己作为领导者有什么缺点很坦率。这段共事关系进入第二年时，我不小心注意到，他鼻子和脸颊上的血丝越来越明显。他经常一副睡眠不足的样子，眼睛又红又肿。

我偶尔会冒昧地问：“今天早上你看起来糟透了。”

“是呀，昨晚有个聚会。我凌晨两点才爬上床。大家闹腾得太厉害啦。”事情暂时就这么过去了。

接下来的数次会面，我越来越为菲利普的样子感到心烦意乱。对我而言，如果我老在琢磨他是不是酗酒，他对公司事务发表看法时，我就很难全神贯注。我被卡住了。我应不应该把这事儿说出来呢？我该怎样把这事儿说出来呢？如果是你，你会怎么问别人“你是不是在酗酒”？这可不是那种能随随便便张得开口的事。再说了，万一不是呢？我是什么人，有这个胆子胡乱猜测？我完全不了解酗酒是怎么回事。可我的“左手栏”一直在问：“苏珊，你非得假装不知道吗？”

一次，我结束了对菲利普的辅导，钻进车里，一个人坐了一会儿，直面了自己的怯懦。你说你关心这个人，你真的关心吗？如果他在酗酒，这不光影响到他的健康，还影响到他的婚姻，影响到他成为卓越领导的能力。你必须去说出来，你必须去问他这个问题。我打定主意，只要时机合适，我就把自己的担心说出来。机会来得很快。

第二次见面，我一走进菲利普的办公室，就知道自己对他说的一切都没法专心听了。他一脸宿醉样。

“没睡好？”我问。

“什么？哦，对，这个周末我跟几个朋友聚了聚。”

直面真相的紧要关头来了，我鼓足勇气开了球。

“菲利普，有一件事我一直很担心，要是今天再不说出来，我怕是很难把焦点放在业务问题上了。”

菲利普露出一抹疑惑的微笑，停了下来：“好，你说。”

“真是难以启齿。我担心我想问的事儿会激怒你，所以我一定要先告诉你，我很可能错得离谱。”

菲利普的笑容消失了。

“是这样的。我们总是在刚过完周末的星期一上午见面，坦白地说，你这时候看起来总是一塌糊涂。”菲利普皱起了眉头。我深吸了一口气，继续说，“有好几次，我向你问起，你都对我说是跟朋友聚会，熬夜了。你总是一笑而过，把话头扯开。”

到了这个时候，我们俩都一点也不想听到我接下来要大声说出来的话了。两人之间的短暂沉默，让局面变得十分困难，我的心都跳到喉咙眼了。我尽量轻言细语地说：“我的话可能完全是错的。如果错了，请你告诉我。

但每个星期一早晨看到你的样子，我就总是在琢磨，你可能不光是在跟朋友们聚会玩乐。我担心，你会不会有酗酒的问题，你是不是喝酒上瘾。”

菲利普睡眼惺忪的样子完全不见了，他的脸涨得通红。他哼了一声：“我真不敢相信！我都跟你说了，是跟朋友们聚会而已，你却想得这么夸张。”

我差点没忍住道歉的冲动，我真想收回自己的意见，掉转我的注意力。然而，我没有，我静静地等着。菲利普站起身，从办公桌边推开椅子。我几乎能听到房间里的紧张感了——电流声嗡嗡作响。我坐在电椅上，很快就要受刑了。

菲利普斟酌着用词，紧紧地抿着嘴。他直直地盯着我：“第一，我没有酗酒。第二，我永远不会再提起朋友们和聚会的事。”他深深吸了一口气，“现在我们能够继续谈正事了吗？我有几件事想听听你的意见。”

我又一次忍不住想要道歉，但我还是克制住了，反而说：“好的，那我们谈谈吧。”

这件事过去 6 个月之后的一次会面里，我采用开采式对话方法提出第一个问题：“今天你和我应该谈的最重要的问题是什么？”

菲利普静静地坐了一会儿，说：“我酗酒的问题。”

小心谨慎的对话注定是一场失败的对话

在对话中小心翼翼，意味着这会是一场失败的对话。如果进入对话的时候，我们光想着要镇定自若、聪明、有教养，必然会有所克制，这就断绝了一切达成亲密的可能性。

如果我们怀着自己知道要朝哪里走、自己需要说些什么的假设走入对话，我们就会以为这套逻辑贯穿始终。可事情并不那么简单。一场关键沟通有许多原创内容，选择多种多样。心灵——直觉及其不安意图的守护者——是老大。它的命令，我们要听从。至少，我会听从。

意识到自己**说话不是为了道出所知**，让我甚为震惊。**说话是为了弄清我到底知道些什么。**很多时候，真正的麻烦在于，对话尚未获准找到主题；它不知道自己到底想要谈些什么。可一旦我们拿出私下的想法，顺着对话的小路撒下线索，局面就变了。经历了无数轮关键沟通之后，我意识到，与我进行交谈的人希望有个专心倾听的反思式自我去发现他的内心，穿过言语的迷宫揭示故事的核心，这一点让我深受触动。

听从自己的直觉，并将它们告知同事或亲人，使得对话双方都了解了本来无法知晓的内情。双方一起看清了这场对话的真正用意，它想要前往什么地方，怎样让它变得更为真切。请记住，一次只透露我们“左手栏”里的一个项目。

对带入公开对话的东西，我们会有所挑选。我们提出某个想法，接着再提出另一个想法，接着再提出一个，直至对话结束。我们所选的东西，不一定是真相，有时甚至不是真相的一部分。然而，我们敢于分享的想法或问题，帮助对话前往了它需要去的地方。“左手栏”的作用有着强烈的个人色彩，也惊人地具有启发意义。

你将在“原则六”了解到，对话并不仅仅因为对话本身结束而结束。比方说，和菲利普的对话，就在日后多轮对话的过程中持续着——每一次都令人难忘。

对话在什么范围内是恰当的

说到对话在什么样的范围内算是恰当的，因为人各有不同的专业领域，可谓观点纷纭。我并非受过专业训练的治疗师，所以，如果我碰到超出自己知识范围的事情，我会推荐客户找专业人士帮忙。然而，做个有着同理心的友善同胞，这不需要拿什么执照。全神贯注地在场，不需要有学位。为菲利普提供专业意见，那不是我的目标，我也没这个打算。它不是我的任务。如果我自以为是，那可就麻烦了。我的任务是摘下自己的专家帽子，把它搁在大厅，以"人"的身份进入对话，聚精会神，这就可以了。

我们都知道，如果我们行事莽撞，脑袋里想到什么就说什么，很容易让对话升温，变成吵架。掌握拷问现实、真诚地表达自我、给予他人纯粹的关注、带着勇气和同情心对峙问题等技能并加以实践，听从直觉，则是完全不同的体验。

那么，如果我们的直觉偶尔错过了目标，那该怎么办呢?

不妨这样想：你的困惑是一笔财富。事实上，你为追求清晰，给他人开辟出了一条道路。你努力表达你不理解但又渴望理解的事情，你邀请对方参与一场他们自己也渴望探索的对话。如果你总是太在乎别人怎么看你，你就无法去寻找那些有着独创意义的道路了。要找到那些最能调动你或是让你感到最为困惑的深刻问题。重要的是，你要熟悉未知，熟悉这个世界的多变性。不要回避它，要朝着它把你想要寻找的道路说出来。

练习“倾听直觉”

在你今天的对话当中，紧密关注自己的想法和感受。要注意，有哪些事情，你很感兴趣，却没能提及；有哪些问题，你想要问个清楚；有什么样的意见，你内心的声音敦促你公开分享。请记住，你的所想所感，无关对错。你的想法，就仅仅是想法而已。时不时地选择其一，将之带入公开对话。邀请对方与你一同探索。这样做，有可能让对话变得更深入。在今天的对话里，拿出勇气来！

金句摘抄

①听从直觉，要求你倾听自己内心的声音。

②我们要倾听的不只是内容，我们还需要倾听情感和意图。

③仓促行动会适得其反。如果我静止不动，潜藏的真相会浮现出来，指引我采取正确的行动。

④要释放我们认为自己的想法和阐释就是真相的这种执着，这很重要。

⑤在对话中小心翼翼，注定这会是一场失败的对话。

原则六

为自己的情绪尾迹承担责任

人们并非接受不了诚实，接受不了的是传递信息的方式对领导者而言，压根儿没有“无心之语”这回事。你自己说过就忘的几句话，却可能对某个需要你指点或认可的人造成毁灭性影响。谈话不是跟关系有关，谈话本身就是关系。学会不带情绪负荷地传递消息，能让你说话保持清晰，满怀信念和同情。

有的人，把你的心挖出来；也有的人，把它安放回原处。

——伊丽莎白·大卫

（Elizabeth David，英国美食作家）

对领导者而言，压根儿没有“无心之语”这回事。你自己说过就忘的几句话，却可能对某个需要你指点或认可的人造成毁灭性打击。出于同样的道理，有些你几年前说过的话，可能给别人带去了鼓舞与激励，让他铭记至今。我们每个人所说的每一句话，都会留下情绪尾迹。有些是积极的，有些是消极的。每一道情绪尾迹，都留下了超乎我们所知的后果。

情绪尾迹，指的是我走了以后你还记得的东西：你的感受、余波、回味、余晖。

我有个朋友经常跟丈夫吵架，这让她很纠结。她从来不记得他说了些什么，只记得他说那些话时自己的感受怎样。后来，丈夫为她的退让感到生气：“真愚蠢。我根本没说什么值得你整天在这儿生闷气的话！”

“不，你说过，”她心想，“但我记不得那是些什么话了。我只知道我明白了你想要传达的信息。你说的那些话，你说那些话时的表情，你说那些话时的语气——我想那就是冷嘲热讽吧。瞧瞧你脸上的表情，一脸久经折磨的样子。你半转过身，用背对着我，真是不屑一顾。”

她打从心眼里这么想。气头上的话，就在她牙齿后头蹲着，随时准备扑出去。他看到了她眼里的闪光，知道该停下来了，打算等一会儿再假装一切都是她大惊小怪。傻女人，莫名其妙地心烦意乱。

“他说我是他的调音叉，”朋友告诉我，“符合他心目中踏实而聪明的形象。他看重我的智慧，但却从来不碰我。从来不碰我。”

当她试着想跟丈夫沟通这些话的时候，她的恐惧和愤怒却又同时触发了两人的怒火，于是他们的“不可讨论事项”清单上又多了一个话题。

有一回，他们吵架后，我朋友打电话给丈夫，指望能找到些许线索，进行澄清，有所解决。电话里的声音时有时无，偶尔还伴有大量的沉默。我的朋友不停地喊：“你还在吗？你听得见吗？”事后，她意识到，这通断断续续的电话，完美地比喻了两人 4 年来无法沟通的婚姻关系。

他们不断地互相攻击，让我想起了一句保加利亚谚语：“如果你想淹死自己，可千万别找一摊浅水来自我折磨。”

这段婚姻自然失败了，过程虽然缓慢，但结局是注定的。他们需要进行一系列的关键沟通，并在对话的过程中，各自为自己的情绪尾迹承担责任。

他们分开后，我遇到了她丈夫，我很喜欢他的幽默感。他说：“每次我回家，她都会再次扔出两个装满我东西的黑色垃圾袋。有一天，我在朋友的汽车后座上看到了一个黑色垃圾袋。”

“‘你被老婆赶出门了吗？’我问。他说：‘是啊，你怎么知道的？’还不是黑色垃圾袋泄露了天机。”

可笑，又可怜。这两个人无法传达却又有可能挽救他们婚姻的信息到底是什么呢？

作曲家詹姆斯·牛顿介绍过自己坐落在圣迭戈湾脚下的家，当地所有的房子都有泊船的码头。海湾内限速是每小时5海里。有一回，一个鲁莽的小伙子飞快地冲过这片海域，水波激烈荡漾，所有停在码头边的船都受到了波及，撞得东倒西歪。当事人可能并不是有意要这么做，或许他只是想着做自己的事。但如果船手行为轻率，造成了损失，他要承担相应的责任。水警会勒令他赔偿开快船导致水波动荡太大而带来的一切损失。是的，其他船只应该安装保险杠，大小合适的保险杠，但每一名船手都应该为自己开船驶过带来的水波尾迹负责。

现在的问题不是“他能不能在这些水域上驶船”，他当然可以，但现在的问题是：“该以什么速度行驶？”

我原来也有一阵子，对自己跟他人对话时的“速度”和残留“尾迹”没什么意识。如果你也是这样，你大概明白，发誓留心自己的言语给他人带来的影响，是多么具有挑战性。

面对这个任务，有些人决定，对某些“特别敏感的人”，什么话也不说；还有些人觉得，“如果我对某些人来说太强势，那是他们的问题”，最终决定还是照着老样子率性而为。

归根到底，“问题”属于双方当事人。考虑到你我很难控制他人的反应，最好的做法恐怕还是关注自己的行为。我们可以对自己这样说：“这是我的问题。从今往后，我会为自己的情绪尾迹承担责任。”

做份演说词，为你的情绪尾迹负责

如果你是一位领导者，为自己的情绪尾迹承担责任，意味着你要做一份演说词：一份你事先准备好的、能随时随地向任何提问者或困惑者所做的演说。你的演说词必须有力、清晰、简洁。

> 这是我们要去的地方。
>
> 这是我们为什么要去那里。
>
> 这是我们要和什么人一起去。
>
> 这是我们怎样到达那里。

卓越的领导者反复向自己的团队和客户宣讲这份演说，不光是为了传达一个清晰且令人信服的故事，也是为了留下积极的情绪尾迹。组织对领导者进行的长期阐释，对该领导者的长期绩效有着深远的影响。我们的情绪尾迹，决定了我们每个人在组织里的故事会怎样讲述。而当别人讲述这个故事的时候，我们自己并不在场。这个故事，是等我们走了之后，才会讲出来的。它可以是一个让我们微笑的精彩故事，也可以是一个有着糟糕结局的悲惨故事。

你的故事是什么？你想得到他人怎样的阐释？你想留下什么样的遗产？如果组织中的人要讲述一个有关你的故事，你希望它是什么样的？

你希望传达给客户的信息是什么？你希望每一轮对话后留下些什么？对话本身就是关系。在职场上，这意味着你要与所有事关成功的人进行持续不断的对话。

我辅导过的许多卓越领导者，他们都深爱着自己的工作和生活。他们把注意力放在工作和家庭中最深刻、长久的概念与信仰上。他们有着扎实的立足点，他们曾从立足点出发，奋力解决核心问题，最终解决了问题，站在胜利者的角度讲述相关的故事。他们敏感地意识到自己对他人所造成的影响。他们愈发觉察到自己言行带来的尾迹。随着他们意识到，领导精神是面向全世界的，他们的观点和目标都发生了改变。

CEO 跟自己的高管进行沟通，结果却令他沮丧，他暗想：

我要说的话，
不是我想说的，
不是他们听到的，
不是他们听出来的，
不是他们理解的，
不是我走以后他们记住的。
我走以后，我希望他们记住些什么呢？
这才是我需要说的话……我必须清晰地把它说出来！

你走以后，你希望他们记住些什么呢？你是否把它清晰地说出来了呢？

练习“企业演说词”

如果你领导一家组织，或在组织内领导团队，写下你的企业演说词。《小王子》的作者安托万·德·圣－埃克苏佩里写道：“如果你想造一艘船，别把队伍召集起来，要他们去采伐木材、准备工具、分配任务。要让他们聚到一起，提升他们的思想，让他们对一望无际的大海产生向往。”

- 这是我们要去的地方：
- 这是为什么我们要去那里：
- 这是我们要和谁一起去：
- 这是我们怎样到达那里：

缺乏欣赏意见也会导致消极情绪尾迹

消极的情绪尾迹，不仅仅是因为说话轻率、不友好。有时候，缺乏欣赏意见也会造成同样的后果。举个例子，和客户在会面结束时，我总会问上一句：“从我们这次讨论的所有事来看，你未来 30 天待办事宜里最首要的一件是什么？”等到了下次会面，我继续跟进。

我有一位客户是个传奇人物，他取得过多次成功，而且次次成绩辉煌。有一次，我跟他会面时，因为对双方讨论的话题太过投入，忘了问他之前 30 天里该做的事情办得怎么样了。我动手收拾东西，他能看得出我马上就要离开了。他说：“嘿，等等，你不是该问问我上个月的事情做得怎么样了？我还想表扬表扬自己呢。”

我忘记了，在企业世界，各个层级上的人，哪怕是身居最高位者，也渴望自己的良好素质和成就能得到别人认可。

什么人值得你加以赞赏？什么人需要知道你很在意？什么人需要你说出自己对他的爱？你能很快给出答案吗？

安德鲁是位绅士中的绅士，一个精湛的专业人士，世界级的谈判专家。大多数知道安德鲁的人，小时候都曾渴望变成像他那样的人。

我走进他的办公室准备进行每月一次的对话，却发现他心烦意乱。他的第一句话是：“罗杰辞职了。”罗杰是安德鲁的接班人。安德鲁对罗杰有着很大的期许。他继续说：“他接受了另一份工作，那对他来说是死路一条啊。”

“他为什么要辞职呢？”我问。

安德鲁摇摇头：“他看到我对组织里的其他人做了调动，以为我对他没安排，他感觉受了打压，以为我对他不看好。”

“但你明明对他有着很长远的打算呀。他怎么会不知道呢？”

“我总以为，最好是别对他做太多的承诺。天知道以后会发生些什么。我打算很快就提拔他的，真的，很快——但我又觉得，如果我告诉他自己是怎么想的，那有点思想不正确。”

“你还能挽回吗？”

“我试过了，相信我，但他是个骄傲的人。他不会吃回头草的。唉，我怕一年之后，他会碰得头破血流。”

我们静静地坐着，安德鲁用手捧着脑袋。过了一会儿，我冒昧地问：“或许现在说这话有点不太合适，但你从这件事里得到了什么教训呢？”

安德鲁的眼睛中似乎闪着泪光："我没告诉他，我很欣赏他。我认为他知道。"

不加过滤的、全无保留的欣赏和赞美，我们身边似乎太少见了。

尽管让安德鲁把自己对罗杰的安排打算详细说出来，的确不太合适（毕竟，现实总是在变化），但叫他震惊的一点在于：罗杰竟然真的不知道自己有多欣赏他。

在电影《直到永远》(*Always*) 里，理查德·德赖弗斯（Richard Dreyfuss）扮演的皮特是个消防飞行员，他送了一条很漂亮的裙子给霍利·亨特扮演的多琳达，作为生日礼物。这条裙子很有女人味，多琳达穿着它，艳光四射地走下楼，进了酒吧，让所有男酒客都吹起了口哨，排着队要和她跳舞。

等后来有机会单独和皮特在一起的时候，多琳达恳求道："说你爱我吧，说吧说吧说吧，对我说吧！"

他还是没有说。几天以后，他即将起飞去执行紧急任务，多琳达骑着自行车，疯了一般地冲过停机坪，登上飞机旋梯，热烈地拥抱他，接着退下来，骑着车往回走。直到这时候，皮特才克制不住自己内心的冲动，朝着她渐渐远去的背影大声喊道："我爱你！"可引擎轰鸣，她没听见。他耸耸肩，起飞了。不久，他就在爆炸中丧生了。

这话听起来有点傻："你今天就有可能死去，你还有谁没拥抱过？"但这的确是一种有可能真实出现的假设。你随时都有可能去上帝那儿报到，半点征兆全无。你生活里的其他人也一样。

在旧金山，我最近碰到一位出租车司机，他对我说："我从来没能跟爸妈建立起亲密、关爱的私人关系。隔着很远的距离，我们还能相处，但一走到一起，就处不好。几年前，情况有所好转。我去看望他们，一切挺顺利。我们聊得很开心，我想：‘这一天总算来了。’可我正打算再去看他们，我爸却过世了。现在，我妈妈病得很严重。她撑不了多久了。”

什么人最需要听到你的声音？什么人需要知道你欣赏他们什么地方？**只要对方有可能不知道你是多么重视他们，就有必要进行对话。**

在商业世界，对峙、批评甚至愤怒，都比表达赞赏更容易为人所接受。这太糟糕了，因为赞赏是一种能真正创造价值的活动。有时候，关键沟通里无非需要你说一句：“谢谢你。我欣赏你对此事的处理。你在我的生活中非常重要。”

如果你能说出最欣赏某人的具体品质、行为或身体特点，岂非更有意义？举个例子，你对别人说：“我听见你在电话里宽抚了那个心烦意乱的顾客。听起来，你让他平静了下来，而且真正带去了帮助。你的专业态度给我留下了深刻的印象。”比较起来，“你干得很好”这样的泛泛而谈简直美爆了。赞美要具体，而且，你要做先开口的那一方。

你是否误解了对话的含义

我最近在奥兰治县做了一次讲演，有个男的对我说：“在工作上，我说什么，别人都能完全理解。可我妻子对我却完全不理解，什么都不理解。”所有人都明明白白地看出了他的无奈。

我问：“你理解你妻子吗？”

他哑口无言。

有可能，这段婚姻里的两个人都固执己见，意志强硬。我可以想象这个男的在家里会碰到什么样的意志冲撞，反过来说，在职场上，他是领导，很难碰到此类情况。他说在工作中，别人都能理解自己，我很好奇这话的可信度到底有几分。我感觉，对他而言，所谓的关键沟通，就是他来发号施令——“布鲁斯，你去把那座山头给拿下来。莎莉，你来抢占这一座。”他对绩效不佳者表达不满的样子，我也仿佛能看出来：扬扬眉毛，理一理自己阿玛尼高档衬衣的袖口。我想知道，他的员工和他的妻子会怎样回答这个问题：“他理解你吗？”

之后的一个星期，在旧金山的研讨班上，我们练习了开采式对话。学员麦克抗议说：“这根本不是对话呀。这是面试！我不想对员工做面试。我希望他们理解我说的话！”不久之后，麦克谈起跟自己的一名直属下级沟通不利，充满挫折感：“这家伙就是不理解我，他压根儿不听我说。我说了一遍又一遍，可他还是不明白。”

这里出现了一个相同的主题：遗憾地误解了“对话”这个词的含义。我经常看到这种情况。通常，人们认为对话是：我说，你听。如果你终于理解了我，承认我是对的，这场对话就算成功了。

这样的“对话”定义，不会给你带来好处。事实上，对职业和个人关系，都可能产生致命后果。

我们都希望被人理解，可却很少觉得自己得到了理解。我们在“原则三”提到过这一点。这里，我想和你再次审视这个问题：“我们双方都如此渴望的‘理解’，由谁来负责提供呢？”是我吗？还是你呢？

当人际关系危在旦夕

有时候，一段关系里的两个人，造就了非常消极的情绪尾迹，一方或是双方都准备彻底绝交了。即便到了这个阶段，关键沟通仍可扭转乾坤——但这需要回归最基础的东西。

回答“这是我想要的家庭或工作关系吗”这个问题之前，我们必须先做到两件事：

首先，我们自己的生活必须正常运转。换句话说，我们必须先跟自己进行必要的积累对话，梳理好自己的生活，解答“原则二”里提出的重要问题：我要去哪里？我为什么要去那里？谁和我一起去？我如何才能到达那里？在这些对话之后，我们需要走上正轨，并维持一个星期、一个月，甚至更久。要不然，当我们不开心的时候，就很难判断它的源头是哪里。人很容易以为，我们焦虑的源头是别人，要是某个人不再介入我们的生活，我们会更开心。只可惜，问题或许出在我们自己身上。

其次，我们必须把自己最想得到的东西给予他人。**你希望和一个留下积极情绪尾迹的人在一起吗？那么，你自己就要留下积极的情绪尾迹。你渴望得到理解吗？那么，你自己就要把焦点放在理解他人上面。**你希望自己的设想在企业里受到欢迎吗？那么，就去欢迎那些让你困惑、惹恼你的人设想吧。你希望自己的生活伴侣就像当初你们最初相爱时那样听你讲话吗？那么，就安排一个晚上，你专心致志、全神贯注地倾听你的伴侣。你希望讨论棘手话题的时候，不激起对方的防御和愤怒态度，不要听到给你留下消极情绪尾迹的不友善、鲁莽评论吗？那么，除非你首先这么做，否则，这种情况很难出现。只努力一天不算数。你必须把自己想要得到的东西，给予其他人。一切从你开始。

人们用不同的方式表达、接受关爱。你可以读一下加里·查普曼（Gary Chapman）所著的《爱的五种语言》（*The Five Love Languages*），找找哪一种语言，你的伴侣能理解。是共度美好的时光吗？是积极肯定的话语吗？是贴心的礼物？是体贴周到的行为？是身体的碰触？不管是哪一种语言，你都有必要学习它，用它来表达。

学会另一半爱的语言，每天都用这种语言与对方沟通，这很重要。在艰难的时刻，你要问："爱会怎么做？"照着它的指引去做。别放弃，要贯彻你学习的根本目的。

神奇的地方来了。两个人对话的时候，如果一个人真正在问，另一个人真正在听（而不是一个人反复用自己的议程打断对方，总是将对方所说的事情赋予消极含义），就会发生一件有趣的事情。如果真正在倾听的这一方，从精心设计、有着丰富资源的立足点（也就是说，这个人的生活，真正地表达了他想要成为什么样的人）出发，他所发出的邀请（让对方走出自我，加入对话），对方往往愿意接受。而一旦出现这样的情况，大家防备的盔甲就开始一块一块地卸下来，盔甲之下，是作为人——不管是男是女，是成人还是孩子——的一颗赤诚之心。

赤诚的真心，很少有人会拒绝。盔甲把我们彼此隔绝开来，让我们一辈子行为尴尬。我们远远地就能分辨出盔甲的存在，听到它叮当作响，我们问自己："为什么他如此地戒心重重呢？一个人穿戴了这么多的盔甲，他肯定是全副武装操着家伙的。我是不是该当心点？"

我们卸下盔甲，没有戒备地走出来，暴露出弱点，才有机会去理解对方，也得到对方的理解。当你开始在更深入的层次上倾听你的孩子、生活伴侣和同事，才开始从他们那里获得更多的信息。高质量的倾听，让你的孩子们发现自己是什么样的人，更加珍视自己。他们会知道，你关心着他们，他们会热切地投入自己的梦想。

如果我们罔顾他人感受，按照自己的性子任性而为，那么，很容易想象，我们会信口开河，根本不管自己给别人留下了什么样的情绪尾迹。在商业世界里，这样任性妄为是要付出代价的。走廊的聊天，会带来不满、误解、激烈的冲突。要是别人再把我们所说的每一句话加上自己的阐释，这些话留下的情绪尾迹就更叫人难堪了。

举个例子，我们可能只是随口问问约翰尼在某件事情上做得怎么样了，没过多久却发现，他直接跑去对同事说："现在我没法帮你的忙了。老板更重视其他几件事，我这个星期得专心搞定它们。"于是所有人都有苦说不出，干生闷气。

电子邮件是个了不起的发明，可它也给了别人很好的机会，消极地阐释我们的话。因为没有语调或面部表情等肢体线索，我们说话的用意很容易遭到误解。如果你意识到，光是文字不足以传递你的意思和打算，你应该怎么做呢？拿起电话来！视线接触是所有人都能用到的最强大沟通技术，而电话排在第二位。如果你们无法面对面地谈话，至少你们可以听到彼此的声音，电子邮件应该是最后选择。不要为了追求效率，就不顾沟通的结果。不要再为了节省时间，就选择留下消极的情绪尾迹。

消极的情绪尾迹，会叫人付出昂贵的代价。个人、团队、客户和家人，都可能卷入它的旋涡。为了留下积极的情绪尾迹，减少他人对你信息的不准确曲解，你要努力学习传递无负荷信息。这是同事帕特·穆雷介绍给我的一个概念。

负荷信息有许多表现形式。有时，它们外表谦恭，用甜言蜜语掩饰恶毒的基调。我们的雷达探测出了信息里蕴含的某些东西（比如某个别有用心的目的），我们感到不安，却又不敢相信。那个人真正说出来的话并没有什么不妥，可信息周围就是有些蛛丝马迹叫人不舒服。我们的雷达尽忠职守，总是在警告我们听从直觉，小心对付。

不管负荷信息上撒了多少糖，我们也能清清楚楚地看出它伤人的用心。所以，我们不信任那个人，我们不期待下一次的对话，而且，我们会想方设法地避免跟这个人再次接触。

另一些负荷信息来得直截了当，绝不会弄错意思。举个例子，不管孩子取得了什么样的成绩，有些家长总会说："太棒了，宝贝儿，不过，下一次你可以试试这么做……"这句话里携带的负荷信息是，"你做的任何事都不够好"。

同样，不少人恐怕都认识一个口无遮拦、沟通风格乱七八糟，甚至完全不恰当的家伙，可因为他们的信息里从不附带不可告人的动机，也没有什么额外的目的，我们反倒愿意听他们说话，继续对话，维持双方的关系。

我经常请研讨班的学员设想一个人，他们希望去对峙这个人的行为，我要他们想象对这个人说些什么。接着，我让每一个学员找出自己的独特"指纹"——也就是有可能掺杂到信息里的负荷。典型反应里包括如下负荷：

- 责备。这是我最喜欢提到的，它简直可以称为"负荷之母"。"整件事都是你的错。""都怪你，跟我没关系。""你真的把这件事搞砸了。”

· 对骂，贴标签。“你是个自恋狂，不顾他人感受！”“你是个骗子！”“你是个失败者！”

· 嘲讽，黑色幽默。“很明显，你的生活目标就是生活在庸俗的最前线。”“看起来你已经触底，还开始朝下挖了。”

· 把全世界的重量都压在微不足道的事情上。这是件小事，可它含义重大！“你不爱我了，你从来没爱过我！”“你毁掉了一切。我们完了。”

· 威胁，恐吓（总能奏效的手段！）。“我猜你不重视自己的工作。”“你再也不能来探望孩子了。”“你再做一次，就……”“听着，我不想滥用职权，但……”

· 夸张。“你总是这么做。”“你从来没有一次……”“你第100次……”

· 高高在上地把沟通失败的锅甩到别人头上：显然对方更差劲。“你不明白。”“你处理不好。”“你完全不讲道理。”“我跟你说不通。”

· 使用一个充满负荷的说法。“如果我是你……”如果我这么说，你会觉得，我是告诉你应该用我的方式来做事，而我通常也都是这么说的。信息里附加了额外的负荷：你为什么就不能像我一样呢？

· 喋喋不休地翻旧账。“这就跟上次一样……”

· 公开朝着某人捅刀子。这是种卑鄙懦弱的做法，我们通常会假装自己是在闹着玩，逃避别人的追究。“哎呀，珍妮认为自己超热辣呢。”

· 问“为什么你要那么做？”比较起来，如果有人对我说：“你当时是想怎么做呢？”我的防御感会没那么强。

· 脸上做出明白无误的消极表情。不管我嘴里怎么说，如果我生气或失望，我的感受就会写在自己脸上。

· 对别人所说或所做的事强行阐释，将之归结为消极或错误的动机。“你真正的意思其实是……”或者“真正的情况其实是……”

· 没有反应，拒绝说话。有人说这是最无情的负荷。在另一些人看来，这么做感觉就像不够关心，不想表态。

练习“无负荷对话”

花点时间，回想有哪一次你在工作或家庭中进行的对话很不顺利。别老去想对方的无效行为，只看自己的。重温对话，在脑袋里把它像电影一样回放一遍。看看你脸上的表情、你的身体语言是什么样的。回放你所说的话，听听你说它们时用的是什么样的语气。在脑袋里看一下对话到了哪一个环节，对方变得不安或生气了？你说了或者做了些什么，触发了对方的反应？现在对照 P210–212 上的负荷反应清单，回答以下有关该次对话的问题：

你在自己的信息里带上了什么样的负荷？

那是你典型的、独一无二的个人指纹吗？

这样做，对谈话有什么样的影响?

带着隐藏目的的信息，常常会在一瞬间让对话跌入深渊。事实上，就在你附加了口头或非语言潜藏信息的那个瞬间，对方就警觉了，对话也随之结束。不再是一对一地发言，而成了独角戏，一场谩骂。也可能，我们争执起来。一旦你将对方逼入防御姿态，就不可能再进行对话。对方会想：“我想赶紧结束这一切，我会全力以赴地结束它，赶紧离开这儿（以后再想办法反扑）。”也有可能，我们感到困惑：“你想做什么？”又或者觉得受了伤：“你怎么能对我这么说？”

为信息附加负面内容，你还没开口，双方的关系就恶化了。考虑到关键沟通的目的之一是改善人际关系，如果我们真的怀有负面情绪，就必须承认它。但要小心，你也不要太过谨慎，弄得对话里非但没有了负荷，连信息也没有了。

容纳才能讨论需要讨论的东西

如果我们都能够认同，我们的目标是传递无负荷内容的信息，那么，要是我们被惹毛了，尾巴被人踩到了，该怎么做呢？很遗憾，对我们大多数人来说，一旦尾巴给踩到，我们辛苦费力学来的所有沟通技能，就都飞到九霄云外去了。

人人都有尾巴。每当我觉得受到严重误解，觉得我说的话没得到重视，我就觉得对方踩了我的雷区。不管对方是不是有意为之，只要我一产生这种感觉，我的引线立刻就点燃了。每当我的引线被点燃了，我就会出现两种根深蒂固、自动化、硬接线的反应。其一是闭上嘴巴（沉默处理），走出房门，退出对话。其二是反驳顶嘴，挑剔指责。这不是什么值得骄傲的事，但这就是我身上每一根毛都特别想要做的事。

当然，就在我点燃引线的瞬间，我也点燃了对话里另一方的引线。接着他们也会做自己引线点燃后会做的事情，很快，我们就进入了死局。玩完了，不好看，我们都见到过这一幕。所以，在我们的引线被点燃的时候，至关重要的一点是，扑灭火星，对抗想要加载负荷的冲动。以下的故事或许对各位有所帮助。

几年前，我到丹佛去见高中时代的老朋友劳拉·梅默特（Laura Mehmert）。她正在铸造厂浇筑一尊 8 英尺高的青铜像，内容是牛仔抱着牛犊。在铸造的过程中，坩埚用来容纳熔化的金属，接着，金属会被倒入模具，冷却并硬化，直至成为艺术家构思了好几个月甚至好几年的作品。

铸造厂老板解释道："大多数坩埚的材料是黏土石墨或者碳化硅——基本上也就是一些跟瓷器相同的成分，脆性特别强。如果坩埚落在水泥地上，会打碎或者裂开。每当厂里到了新坩埚，我都会敲敲看。如果声音清亮高亢，没问题；如果声音低沉发闷，那就是坏的。"

老板对这个话题兴致很浓，继续说："计算机上用到的金和银，是用坩埚提炼的。牙科医生也要用坩埚。医院、汽车、大坝、风力发电机、墓地，你都会看到铸件的身影。人一辈子从生到死，铸件伴随左右，而坩埚是制造铸件的幕后功臣。"

人一辈子进行的对话同样如此。

拜访铸造厂几个星期后，我回到丹佛，看到劳拉那尊精彩的青铜作品已经伫立在她的家乡——科罗拉多州埃弗格林的一座公园里。一大早，我们赶在游客到来之前进入公园。“工头”大气壮观。他长长的大衣在身后飘扬着，仿佛他正在暴风雨里倾身前进。他低头贴着怀抱里的牛犊。牛犊一副弱不禁风的样子，但眼光柔和，并不害怕。我绕着“工头”转了一圈，抚摩着它，为它的美丽发出赞叹，同时也回想起了它成形的那口脆硬坩埚，一下子，我如同醍醐灌顶。我有个年轻的朋友说，这情形就叫作“顿悟”。

我的“顿悟”是这样的：面对客户，如果我能成为一口绝对可靠的坩埚——也就是说，变成一个能够包容激烈变化的强韧容器，那会怎么样呢？如果面对亲友，我也能这么做，那会怎么样呢？面对自己呢？

在创造一件艺术作品的时候，坩埚有一份重要的任务：容纳倒入的任何东西，承受极端之热。我把这跟坩埚的脆硬性质挂起钩来。如果我掉下来，我会受伤。我可能会碎裂，我很脆。然而，在重要的对话中，我的工作就是容纳，这样我们才能够讨论需要讨论的东西，不管话题是多么棘手，不管我当时感觉有多么脆弱不堪。

一方面是保持真实、表达情绪（包括我自己或者对方的偶尔发火），另一方面是容纳需要发生的一切，坩埚的形象帮助我协调了这两方面。它提醒我：我的任务就是容纳，把该说出来的、该被倾听到的需求，得以安安全全地说出来，被听到。它提醒我，艺术作品就是关键沟通带来的结果。这些艺术品，就是我们幸福、成功和心灵安宁必不可少的持久关系。

我们每个人，都是进行对话的场所。在身体上、情感上、精神上和智力上，你都是进行对话的场所。为了和重要的另一半进行一场重要的对话，你用不着找一个特殊的周末假期，来上一顿浪漫的早餐。为了改善你和上司、同事或客户的关系，你不需要响亮的头衔、宽敞的会议室，或是富丽堂皇的办公室。要做好一个人，当好一个朋友，你不需要漂亮的文凭。只需要你这个人，心里愿意，做好了准备，全神贯注，清晰干净，投入对话就好了。

在《卡瓦利与克雷的神奇冒险》（*The Amazing Adventures of Kavalier & Clay*）一书里，作者迈克尔·沙邦（Michael Chabon）写道："每一个宇宙，包括我们自己所处的这个，全都始于对话。世界史上的每一个傀儡……都是通过语言、咒语、吟诵的召唤，获得生命的……换句话说也就是，它们通过言说活了过来。"

按犹太人的传说，傀儡是黏土制成、通过魔咒赋予生命的一种生物。这让我不禁想起，我们每一个人，也是靠着言说，在特定的宇宙里存在。每一位企业家都记得他是怎样靠着对话，建立起自己的公司。我们又是怎么和伴侣、孩子、兄弟姐妹来到这个快乐甚或是艰难的境地的呢？仍然是通过谈话一步步地走进来的。

对话不仅仅跟关系有关，对话本身就是关系。我们用来自我防御的所有幻象和观念，都是依靠言说形成的。我们工作、人际关系和生活的成败，维系于一次又一次的对话。从生到死，莫不如此。你希望成为什么样的对话场所？你希望别人形容你是导师，还是刽子手？如果是前者，你想到了什么样的言语？全神贯注，聚精会神。剩下的，由你来补充。

还记得非洲的问候对话吗？"我看见你了。""我在呀。"如果我没有看见你，我就不知道你发生了什么状况，意识不到自己对你的影响。只有我看见了你，我才能够不光注意到我们之间的对话言语，还注意到这些语言的影响。"我看见你了。""我在呀。"用这种方式开始对话，多么可爱。

未传递信息，传递了带有负荷的信息，哪种情况更糟糕

哪一种情况更糟糕呢——未能传递信息，还是传递了带有负荷的信息？

你能想象自己对着某人说：“我现在对你不太舒服。确切地说，我深感愤怒，我的内心说不出什么好话了，所以，我们晚些时候再进行这次对话吧。”或者是：“昨晚我做了一连串的梦，都是你碰到了糟糕的事情。这些梦魔幻极了，自带立体声、3D 特效、宽屏幕，而且色彩鲜艳。我觉得它们很有意思。我猜，这大概意味着我们需要谈谈了。”

这是不是至少能提醒对方，一场重要的对话即将进行，他应当对此保持关注，按时到场呢？是的，这个人或许会带着沉重的思想负担进入对话，但至少他会全力投入，因为我们已经向他表明了这些信息的重要意义。

很遗憾，对待自己的愤怒情绪，很多人的做法是讳莫如深，只字不提。因为我们不肯承认，甚至不肯向自己承认：我们不是随时都带着关爱和谐与人相处的，结果，关键沟通褪色了，甚至枯死了。人的黑暗本能，比如妒忌、恐惧、报复，会时不时地冒出来。

做人难啊！我记得读过 C.S. 刘易斯（C. S. Lewis）的自传《惊悦》（*Surprised by Joy*）。刘易斯说，看着自己的内心，他发现“那儿是一座私欲的动物园、野心的疯人院、恐惧的托儿所、嫉恨的后宫”。我深为所动，感觉自己如同受到了赦免。有没有可能，我钦佩的人——世界上那些睿智的好人，偶尔也像我一样？

刘易斯坦言的情绪，是一些自然而然的感受，而且十分有用。事实证明，把它们说出来，也会十分有用。“我很生气。”“我很忌妒。”“我想

看到你失败。”当然了，如果你在说这些话的时候，没有尖叫，也没有猛拍桌子，没有用手指指着别人的鼻子，那就更好了。但不管怎么说，是人就会生气，告诉别人你的感受也没什么大不了的。反过来说，要是你把自己所有的怒火都当成粮食吃进肚里，你恐怕会变成一个极为冷漠的人。

保持真实、传达真实信息，同时又对自己的情绪尾迹负责，这两者该怎样调和呢？该怎样用真诚去中和自己的愤怒感受呢？该怎样清晰简洁地传递信息，不加载负荷呢？我们对自己、对他人的责任表现在什么地方呢？

· 要意识到：你所说的一切，都会留下情绪尾迹。

· 要认识到：你能够留下不带任何情绪的尾迹。要经常跟对方核实，看看你留下了什么样的尾迹。

· 要接触你的内心，不管它是高尚的，还是恶毒的。如果你此刻用心恶毒，那此刻就不是说话的时机。如果你用心良好，那么就有可能做到坦言愤怒，同时留下积极的情绪尾迹。

· 要接受自己应该承担的责任：全神贯注、敏锐真诚、恰如其分、真实清晰。

完全不带意图地进入对话，是件很冒险的事。我曾向一个名叫乔治的客户提出这个建议，他对我讲述了以下的故事：

我在大学棒球队的时候，有时候要负责投球。每当我碰到麻烦，捕手就会从土堆后面走出来，问我是否弄清楚自己要做些什么。他的意思是，我对自己接下来的球有什么想要达成的设想、目的或结果，再根据它来判断是要投一个低斜的快球，还是高且近的快球，又或者是变化球、滑球，还是弧线球。所以，表面上看是某甲朝着手握球棒的某乙投出了一个球，其实双方都有着深思熟虑的策略，因为击球手同样有着自己要追求的设想、目的和战略。麻烦的地方在于，在我进行的太多次对话里，我完全不知道自己要去什么地方，不知道自己想要做什么，不知道自己的目的是什么。每个人都以为我参与了对话。毕竟，我张着嘴巴点着头，但我扔出去的球，背后却没有设想或目的。我唯一的希望是把比赛拖进决胜局，这样我可以多一点时间来整理自己的设想。

在一段关系中，你有权满足自己的核心需求

你言语背后的设想，是最重要的。学习传递无负荷信息，要求你说话清晰，满怀信念、同情和热情。它不是要你变成软蛋。应该有的权利，你一点也不缺。

在一段关系中，你有权满足自己的核心需求，至少，你有权不让自己的核心需求受到侵犯。

- 你有权提出愚蠢的问题。
- 你有权不成为受害者。
- 你有权就困扰你的问题进行对峙。

· 你有权不同意。

· 你有权应允。

· 你有权拒绝。

奉行安妮·迪拉德（Annie Dillard）的写作建议，我实现了最出色的对话结果。在《写作生涯》（*The Writing Life*）里，迪拉德讲述了自己怎样学习砍柴：如果瞄准圆木最顶上的部分，只会劈出零星的碎片。只有对准放置圆木的墩子，才能干净利落地把柴一劈两半。

在日本期间，我的空手道老师也曾提出过类似的建议。用手掌劈砖的时候，如果你瞄准的是砖块，你可能会把自己的骨头给砸裂，大出其丑。你的眼睛要跳出砖块，对准砖块下面的空间。一旦砖块成了你和目标之间的障碍，它自然会被你劈开。

瞄准的地方，要跳出这次对话，跳出表面的言语。你想带着工作去什么地方？你想和这个人一起去什么地方？你想和自己的婚姻走向哪里？你想和生活前往何地？你的目的地是哪里？这就是你的墩子。每一次重要的对话里，你都要瞄准墩子。

有时候，我们瞄错了准头，甚至完全忘了瞄准。我们听见自己不停地说、说、说。哎呀，我的老毛病又犯了。好吧，我想让自己的生活走向什么地方呢？回忆起这一点，能帮助我们在对话里导航定位吗？反正肯定没坏处。

如果你的预期目标发生了变化，那会怎么样？我希望，随着你的年龄增长，随着你逐渐弄清自己到底是什么人、不是什么人，它真的会有所改变。还记得吗？生活之路总是弯弯曲曲。

顺便提一下，发表意见之前，不必加上“实话说”“坦白地讲”“老实说”，这会让我感觉对方之前说的话不能当真。你只要一板一眼诚实地说出来，坚持到底就行了。

练习“对峙前准备”

主持研讨班期间，我会请参与者想一场他们需要进行的对峙，并回答如下问题：“在对话中，你该怎么做才能不在信息里增加负荷内容？”下面有一些很精彩的答案。

· 进入对话前，先想一想船在水面上驶过留下的尾迹，这能帮助我生动地想象到对话结束的时候，我的“船”留下的尾迹。我希望看到什么样的尾迹？

· 我必须记住，保持与亲近的人的关系，比自己总是对的更重要。

· 我需要认识到，真相有许多个。

· 如果我的情绪是消极的，我说得越多，就越容易留下消极的情绪尾迹，所以，我应该少说话，多倾听。

· 有意识地选择不带负荷信息的言语。寻找能准确描述自己想说内容的词语，而且，在选词造句上保持关注。

· 留出空间，允许不同的阐释。

· 不说绝对的话：“你从不……”“你总是……”

· 如果我预料对方会传递负荷信息，我可能不会发起或参与对话。如果我没料到对方会传递负荷信息，结果对方却这么做了，我可能立刻就爹毛了，沟通也会失效。所以，我不应该提前预料这、预料那的，我只需要做好一切准备就行了。

如果你意识到自己常常留下消极的情绪尾迹，现在希望有所改正，那么，有一种风险你可能会碰到：矫枉过正。好吧，我不再说出自己的想法好了。一说就是错。它损害两人之间的关系。每次我想要谈谈这事儿，总是惹麻烦。

保留信息和传递负荷信息，对人际关系有着同样大的危害性。对我们每个人来说，挑战就在于：真实地表达自我、又不留下伤害，让两者有所调和。

过去几年，我和“不”这个字建立了一段有意义的关系。我强烈推荐它。如果我们不学会说“不”，那么，当生活里出现一个强烈的“是”，我们可能找不到空间容下它。每个人一生中都会出现的不同人、观念、信仰体系、邀请，以及各种重重叠叠的可能性，我们总要对它们说“不”或“是”。你不可能对所有人、所有事都说“是”。

说“不”不是什么问题；相反，它往往是问题的解决之道。真正让你招惹麻烦的，是你说“不”的方式。你表达不同意见的方式，危害（又或者丰富了）你的人际关系。举个例子，“你根本不明白自己在说什么”，肯定会让对方心里不舒服；“我有个不同的看法”，听起来就更顺耳，能让对话继续进行下去。我们面对的挑战是：把该说的话说出来，把我们认为真实的、正确的话说出来，同时又不留下纷乱激烈的尾迹，让水面上的其他船互相撞得东倒西歪。

理查德·莱德（Richard Leider）在《重整行囊》（*Repacking Your Bags*）里分享了他自己的一句“祷文”：“我正在正确的地方，跟我爱的人一起，有目的地做着正确的工作。”我喜欢这句话，因为它简短明确，涵盖了许多重要的道理，还清楚地说明了他怎样做出选择：在人际关系上、职业机会上、生活方式上，他会跟谁一起，怎样支配自己的时间。

有时候，我们赖以依靠的人一次次地辜负了我们。我们逐渐发现，某位客户的经济价值抵消不了跟他做生意带来的懊恼沮丧。我们无奈地面对现实：某个员工就是胜任不了自己的工作。最叫人痛苦的则是，我们再也无法否认，自己的婚姻挽回不了了。

我们知道，有些事情该结束了。

在任何重要人际关系的初期，要注意对方做了些什么事情。有些早就应该分道扬镳的关系竟然长久地维持下去，因为我们不愿相信自己的所见、所闻、所感，不愿相信自己的直觉。我们不希望它是真的。如果你发现某个人的行为让你感到失望，你一定要提醒自己：我们的行为（我们的自我展现），是和我们的个人能力（天生的能力，以及后天教养得来的能力）直接挂钩的。如果有人向你展示了他是怎样的人，要相信他。不要骗你自己，如果你用正确的语音语调在正确的时候伴着正确的背景音乐，说了正确的话，你就能重新排列他的遗传基因，改变他的个人成长历史。

保持关注。每一天的每一分钟，我们都在向彼此展示自己是什么样的人。

如果你想要传递的信息是，你希望另一个人从核心上发生改变，最好还是重新审视一下自己的信息。

“我错了”“我很抱歉”这两句话很重要

这里还有一个要求：完成对话，坚持到底。手把手地把对话推进到结束的时候。你让一颗小石头滚动起来，却在它引发山体滑坡时跑掉，这毫无公正可言。你用行为唤起了对方的愤怒、恐惧或悲伤，你却退出了对话，说：“我不能跟你说话了。你太生气了。”这毫无公正可言。这是在作弊。

如果你搞出了烂摊子（你一个人动手也好，跟人一起也罢），不要看到局面变得情绪化就甩手走人。对话总会有些主题你拿捏不住，但如果开头的人或者说肇事者是你，你得坚持到结束，哪怕终点跟你预想中不一致。坐下来，好好待着，完成对话。

有时候，你需要的无非是干净利落地挂个倒挡。“我错了。”“我很抱歉。”这两句话非常重要，可却经常卡在我们的喉咙里说不出来，哪怕我们知道这些话非说不可，却还是开不了口。

你是不是欠别人一个道歉？如果是你错了，首先要承认。该道歉就道歉。从不犯错的人，差不多都快成圣人了，很可能也是一个人际关系濒临破产的人。

说谎行不行

我其实颇有冲动要提出第八条原则来：如果一切方法都不顶用，就说谎吧。我很少说谎，但偶尔也的确会这么做。让你吃惊了，对不对？

我这样做，是不想给别人造成完全不必要、不恰当的痛苦……有时也包括自己。

就拿最近的一件事举例好了。我朋友桑迪打电话来问，她在网上交友认识了一个人，看到对方照片之后完全没兴趣见面。桑迪问我怎么说才好。对方在附带的电子邮件里说："如果你见到照片之后改变了主意，也没关系。"这话说得太伤感了，让人心碎。

当你碰到一个经常遭到拒绝，而且你也打算拒绝的人，你会怎么做呢？这时候有句老话就派上用场了——如有疑惑，不妨问问你自己，"爱会怎么做？"要是你诚实地回答："没关系那就太好了，因为我现在知道你长什么样了，我不太感兴趣。"恐怕没人感觉舒服，而且压根儿一点好处都没有。所以桑迪说谎了。她给对方回了电子邮件，说自己已经跟其他人见过面了，双方都感觉很棒，不想再探索别的机会了。

是的，你会感到小小的内疚，你不应该以貌取人。但现实很残酷：他的外貌对桑迪毫无吸引力。她在心理上根本就迈不过这道坎儿。生命短暂，有些个人问题，你必须做出选择。这件事对桑迪来说不算特别重要。既然如此，为什么要表现得太刻薄呢？

给我们招惹麻烦的地方在于，我们常常太爱表现出高尚的样子了。我们很容易出于善意，向他人隐瞒重要信息，而实际上，我们最需要做的是走出自我，投入对话，让别人知道我们的真实感受。

很多年前，我跟母亲面临了一个真正的"真相瞬间"。我在精神信仰上跟她产生了分歧，因为我知道这会让她心烦，所以我回避这个话题，每当她提起，我也会尽量少说话。"干吗要让她感到痛苦呢？"我这么想，"为什么要让她担心呢？"我当然并不打算让她接受我的信仰。我只想走自己的路，我觉得我能悄无声息地做到这一点，不想惹出太大动静。

我母亲显然察觉了我心态上的变化，因为她写给我的信里加插了越来越多从宣传小册子里摘抄的话，这些都是她正在读的东西，她似乎铁下心来不放过任何让我皈依的机会。局面甚至恶化到我连她的信都不愿打开了。恰逢此时，我跟母亲和妹妹打算到佛罗里达州的萨尼贝尔岛度假一星期，我心里开始犯嘀咕，我们会不会大吵一架，最后搞得很长时间都不见面了。

于是，我用了差不多一整天写信给她，想让她知道我的担忧。我不停地写了改，改了又写。我写道："您一向看重真实。所以，要是我再把自己的信仰瞒着您，那就是我的错。我对即将到来的家庭度假深感担心。我想要和您一起开开心心地度过每一刻，但眼下，我却时不时地想要避开您。"

我在煎熬中等了两个星期，才收到母亲的回信。读了她的信之后，我如释重负地哭了起来。她在信里是这么写的："亲爱的，我完全理解。你不再去我们的教堂，我是挺伤心的，但请不要担心。我们在萨尼贝尔岛会过得很开心的，因为这也是我想要的。"

我们共度了一段美好的时光，拾贝壳、游泳、外出用餐、静静地坐着聊天。母亲给我们每个人都建了同样的照相簿。因为我吐露了心声，我们的对话里没有尴尬，没有遮遮掩掩。我们坦率地谈起自己的信仰，不再想要影响对方，只想着互相理解、互相探索。

如今，我常听到跟我一样的成年女性说："这事儿我不能跟母亲说。"或者，"我不能跟我爸讲。"又或者，"我没法跟丈夫说。"大家都担心伤害别人、辜负别人，害怕留下消极的情绪尾迹。实际上，恰恰是因为大家把合适谈的话题局限在区区可数的几个上，不去进行那些急需进行的对话，才留下了消极的尾迹。

练习“无负荷对话”

写出你需要传递信息的工作或家里人的名字。打磨你的信息，小心不要加载负荷。练习大声地说出声来，再去找那个人，把话说出来。

问问自己：“我需要向谁传递信息？我想要传递的信息是什么？”以下是一些能帮你入手的思路：

· 对我的员工卡罗琳。我想传递的信息是：我希望你在这个项目上成为主力，减少对我的依赖。

· 对我的儿子艾伦。我想传递的信息是：我为你深感骄傲。

· 对我的丈夫约翰。我想传递的信息是：我们的婚姻已经濒临危险了，我希望我们能找到回归彼此的路。

在这场对话背后，你是怎么想的？换句话说，你希望这段关系变成什么样？提醒自己，你有责任走出自我，投入对话，让它真实，同时为自己的情绪尾迹负起责任。

现在，我要恭喜你。从“原则一”来到这里，你已经走了一段很长的路。你深化了对关键沟通 6 条原则的认识，培养了个人技能。你将进行一场拷问现实、激发学习、解决棘手问题、丰富人际关系的难忘对话。

第七条原则会让你大吃一惊的。多加练习，它会为你即将到来的对话增添完美的装饰音。

金句摘抄

①只要对方有可能不知道你是多么重视他们，就有必要进行对话。

②你希望和一个留下积极情绪尾迹的人在一起吗？那么，你自己就要留下积极的情绪尾迹。你渴望得到理解吗？那么，你自己就要把焦点放在理解他人上面。

③一切从你开始。

④为信息附加负面内容，你还没开口，双方的关系就恶化了。

⑤在一段关系中，你有权满足自己的核心需求。

原则七

让沉默施展力量

沉默的力量

Fierce
Conversations

如果谈及的事情太多，对话可能变得毫无意义。令人难忘的谈话，总是包含了让人喘息的空间。放慢对话，洞见才能从言语之间的缝隙里冒出头来，你也能发现对方真正想要的、需要的是什么。

在你这一辈子里，是否曾因为闯入了沉默的领地，而备感不舒服呢？

——美国原住民谚语

你是否认识某个一张口就滔滔不绝停不下来的人呢？许多 CEO 都可以列入这张名单。这可不太好。事实证明，巧言令辞往往不足以保证领导者的成功。约瑟夫·康拉德提过建议："拥有语言天赋不是什么大不了的事。光是拥有远程武器，人不会变成猎手；手里握着枪，也不见得就成了战士；一个人要想成为猎手或战士，需要具备许多其他性格特质。"

很多人试着只靠言语来构建关系，不停地说很多话。

然然而，最优秀的领导者跟人交谈，不是冲着别人说话。新冒头的企业家面临着特殊的挑战。为了吸引员工、供应商和投资人，他们要不停地宣讲自己企业的故事，淹没了正常的对话。他们拥有的是冲着人说"话"，而非与人对话。

冲着人说话是很常见的情形。事实上，站在纯粹实务操作的角度上，你是否知道，八成的销售提议都失败了？而这八成失败的努力中，有一半都是因为我们用了太多时间谈论自己，或是谈论自己产品的功能优点，却忘了在吹嘘跟自己做生意会有多么棒之前，拿出足够的时间谈及顾客，倾听客户的想法。

我们都认识这样的人，他们太急于打动我们，说得太多，把我们的兴致给彻底浇灭了。这样的人无休无止地吹嘘着自己的成就和聪明的设想，往往并未察觉自己给他人造成的影响。

他们可能非常有才华。他们可能人好、心肠好、有职业道德，连圣人也为之折服。麻烦的是，跟他们在一起，让我们感到厌烦。他们不停地说，讲了一个又一个故事，压根儿不休息。虽然他们的故事有时也很有趣，不乏洞见，但过了一阵之后，我们会感觉，我们就像墙壁上的一个点，他们对着这个点滔滔不绝。

在《流浪者之歌》（*Siddhartha*）里，赫尔曼·黑塞（Hermann Hesse）写道：“在你内心，有一处宁静的圣所，你随时都能退居那里，做你自己。”史蒂芬·柯维（Stephen Covey）在《高效能人士的七个习惯》（*The 7 Habits of Highly Effective People*）一开头就说：“我很忙，真的很忙。但有时我会想，我现在做的事，就长期而言，到底会不会带来什么明显的不同？”蒙田说：“如果我的思想能够找到一个坚定的立足点，我就不用写文章了。我会去做决定。只可惜，我的立足点总是在经受考验，不停学习。”

要在充满噪声的对话里找到坚定的立足点很难，几近不可能。最近，在一次聚会上，几位客人配对交谈起来。然而其他客人的声浪，干扰了他们分辨对话另一方的信息及意图。为了挣扎着听个清楚，说话人的声音越来越大，这又让房间里的噪声更加嘈杂，要听清楚别人的话就更难了。有好几个人隔一会儿就冲着手机大声嚷嚷。

接下来发生了什么？大多数人都放弃了，退回了传统鸡尾酒会式的客套空谈。

这是个进行闹哄哄盛大聚会的地方。房间里塞满了兴致勃勃的人，我其实蛮喜欢这种活力四射的感官体验：比如每年的感恩节、圣诞节家庭聚会，祝贺个人或组织实现目标的庆功会。在这种人头攒动、声浪喧天的情况下当然也可以进行重要对话，可最重要的对话需要宽敞的空间。我会带着团队去找个能升起篝火的度假村，而不是传统的酒店。我们在太阳谷租过家庭旅店，在俄勒冈州本德市的德舒特河边住过木屋，在圣胡安群岛划过船。也有时候，我们坐在噼啪作响的火堆边，一起做饭，东拉西扯，打发时间，聊点什么，或者什么也不聊。

如果需要进行交谈，我们会关掉手机。剧院拉开幕布之前，通常会播放通知："请关闭所有的手机。如果你想吃糖或者嚼口香糖，请现在就把糖纸剥开。"这总能激起一阵笑声，也让大家心怀感激。我希望，所有重要的对话开始之前，都播报类似的通知。

对话不是一个人说，而是两人的互动

鲍勃·斯隆办公室的桃花心木书柜上，摆着一盏精致的熔岩灯，倒置的玻璃管里注入彩油，漂浮着玻璃坠子。熔岩灯旁边放着玫瑰色的吹制玻璃贝壳。我很担心这两樽玻璃器皿的安全，因为鲍勃在办公室里走来走去，似乎控制不了自己身体的转向。他就像只氦气球，一会儿撞到门框，一会儿又碰到家具的边角。

鲍勃嘟嘟嘟不停地说话，嘴唇噘着，就像为了逗孩子而发出汽车的声音。他的嘴皮子翻得太快了，前一个单词才刚从他嘴边传到我耳朵里，下一个单词就飞出来了。我感觉自己就像在看一场音画不同步的电影。

他不停地说啊说啊说，无休无止。更糟糕的是，他说话音调没有变化。我常常要花好大的功夫才能在他滔滔不绝的独白里保持注意力。

我第三次去他办公室的时候，我下定决心要让局面有所改变，至少，要从我的角度做些改善。我鼓起勇气，赶在鲍勃开口之前对他说："鲍勃，你叫我想起一个人，这个人做爱风格很特别，根本不需要我在场。"

尽管鲍勃一般都无视我想要插嘴的尝试，但这一回，他顿了一下，问："你在说什么？"

"就是你让我想起了一个人。我是说，之前20分钟你连口气都没喘，我根本插不进一个字。"

他不好意思地笑了："嗯，我妻子也这么说。"接着他又继续说起来。过了10来分钟，我站起身，朝着门口走去。我在门口停下脚步，鲍勃投来询问的目光。

"不用停，"我说，"我去散个步，也许再见见你的员工。你并不需要我在场。"

"等一下。我花钱不就是为了让你听我说话的吗？"

"我的看法不太一样。"我知道自己一定要大胆、清晰地传达自己的信息，"你花钱买的不是我的时间，也不是让我坐在椅子里。你花钱为的是跟我进行互动，但你并没有跟我互动。所以，我很难集中精神。兴许呼吸点新鲜空气，能让我恢复点元气。"

我等这些话沉淀下来，又接着说："有时候，我们每个人都需要跟一个真正在倾听的人说说话，然而对话也是很有价值的。你我之间还没对过话。我们没有一对一地说话，全是你一个人在说。我这个人个性很强，如果连我都没法打断你，在对话里插句嘴，我真不知道你在生活里其他地方是不是也这样，你为此付出了什么样的代价。"

鲍勃转过头，先看了看办公桌下面，又去看窗外。终于，我问："那你在其他地方也这样吗？"

他立刻回答："在家里。我的妻子很不愉快。"他瞪着自己的手，"或许这里也有人不太高兴吧。"

"公司里是哪些人不太高兴呢？"我问。

"我不清楚。"

"如果你知道的话，有可能是哪些人？"

鲍勃惨淡地笑了笑："如果我知道的话，应该是工程总监吉姆吧。"

"好吧，我们能谈谈这点吗？再谈谈你的婚姻？我建议，我们说话的时候可以短暂保持沉默，这样我们才能坐下来，好好想想，好好感受一下，尽量跟现实建立联系。"鲍勃点点头，我重新坐回椅子，开始了我俩的第一次真正对话。

话说得太多，实质却太少

一篇题为《求职面试中的语言、习俗及其他文化技巧》向中国求职者提出忠告："中国人更容易接受对话出现的沉默，甚至对此表示欣赏。

美国人却不习惯对话中出现长时间沉默，尤其是商务会议，包括面试。沉默会让许多（但并非全部）美国人紧张。”

这令我难堪，但却是事实，也没什么好奇怪的。大多数美国人打从小的时候，接受的就是讨厌沉默的教导。关进卧室“安静一会儿”“静心思过”，这样的惩罚会让孩子立刻讨饶，答应改正。孩子们想要避免的惩罚到底是什么呢？安静，沉默，不说话。

对很多人来说，沉默无法忍受，这是我们时代的一个现象。沉默令我们感到紧张。创新、变革和天才，也会让我们感到紧张。身为成年人，我们担心别人会将沉默阐释为自卑、智力有问题。我们感觉，我们就是应该时不时地插入诙谐的评论，给出明智的建议。许多人认为沉默是拒绝参与的一种形式，释放出缺乏兴趣的信号。我们担心别人认为我们无话可说。我们还可能担心：“如果我坐在这儿思考一阵，其他人会跳出来，抢了我也想说的聪明话。”

我曾为一家飞速发展的全球性组织高管主持过研讨会，在会上，我们讨论的问题是：“我在假装对什么事情不知情？”一位高管坦白道，“我的问题应该是：‘我在假装对什么事情一清二楚？’我总是把脑袋里冒出的第一件事抛出去，然后恳请老天保佑这话没有纰漏。”整个屋子里的人都陷入了沉默。

你碰到过这样的情况吗？因为担心被视为无能，你一头扎进一场对话，抛出观点，为它争辩，并在整个辩论中捍卫它，可惜事后你发现，要是你稍微停下来喘口气，你原本可以选择另一条更明智的道路？

可以理解，刚上任的领导者认为自己需要在对话里反应迅速，对答如流。人们推崇这样的领导者，这样的领导者也得到奖励。人们相信，领导者随时都能给出答案。光是坐着可不行，你必须得说点什么。

可关键沟通需要沉默。确切地说，**话题里的情绪负荷越沉重，就越是需要沉默**。当然，这也适用于我们的家庭、个人关系。很多时候，我们都是依靠直觉去认识自己、同伴、对话主题的。有时候，我们需要通过沉默来判断自己与同伴之间的亲疏远近。还有时候，沉默是为了不让自己一意孤行。然而，很多工作团队和夫妻却很容易陷入这样一种对话模式：言语太多，白色噪声太多，对话双方都听不出对话里的实质性内容了。我们彼此之间的习惯性说话方式，妨碍了我们借助沉默去了解大家真正想说的话。

如果碰到以下迹象，就暗示需要沉默了。毫无疑问，你在别人身上看到过这些迹象，说不定，你自己身上也曾出现过。

- 不等别人说完话就打断。
- 别人说话时，你开始琢磨自己的反应。
- 想也不想就立刻回应。
- 想要表现得聪明、能干、形象突出、有魅力，等等。
- 问题还没阐明，就急着提建议。
- 在对话过程中不说话或插嘴，转移话题，让人分心。
- 说话兜圈子，绕来绕去没有新东西。
- 一个人滔滔不绝讲，垄断说话权。

慢下来，洞见才能从言语缝隙冒出

有时候，为了开始真正的对话，需要动用些唐突的手法，打断正在说话的人。有些问题，每次出现，我们的同事和客户都会忽略掉。如果我们不够警惕，就会跟其他人一样，绕开问题走。我们可能会察觉到有什么东西在那儿，但对话的进度太快，我们被拖开了。也可能，我们太投入地扮演“专家”角色，用言语填满了空间，完全错过了真正的问题。

如果我们侃侃而谈，我们就无法注意到内心的自我正在拨打求救电话。我的任务往往是放慢对话速度，而沉默是我达成目的的绝佳工具。跟人交谈时，**我们一起沉默地坐着，妨碍对话的那些东西，如愤怒、麻木、急躁、摆布、僵化、责备、自负、残酷、野心、迟钝、威吓、骄傲，会自然地消失。**因为，在沉默当中，这样的特质、情绪和行为，都完全没有必要表现出来。

我认识一对老夫妇，他们养的牧羊犬死了，老两口相拥大哭。此前的 12 年里，这条狗都睡在他们床脚下，悄悄地打呼噜。每天晚上，夫妻俩只要有一个人说：“好啦，我该睡觉啦。”另一个人就会和狗站起身，自觉地到床上去。人和狗都各就各位。他们仨在夜里静静地呼吸，小心翼翼地翻身，生怕互相打扰。到了早晨，一个人起床，另一个人和狗也都会跟着起来，互道早安，静静地坐下，喝着咖啡，看看报纸，聊聊当天的打算和前一天夜里做过的梦。我去他们家拜访的时候，大家全都安静而满足地坐着，不说话——从前是两个人和一条狗，现在只有两个人了。我很难向其他人解释这种友谊是怎么回事，它在沉默中孕育，纯粹又简单。

你是否失去了和沉默之间的健康亲密关系呢？哪怕是片刻的沉默，

是否也会让你感到不舒服呢？你会不会打开电视，并不看，只是想听着背景噪声才觉得舒服呢？

把电视关掉会怎样？把收音机关掉会怎样？你知道风吹过玉米地，吹过灌木丛，会发出什么声响吗？

你上一次听到雨滴声是在什么时候？你上一次听到池塘蛙鸣是在什么时候？你上一次听到树枝蝉鸣是在什么时候？你听到过自己的呼吸声吗？

我希望，哪怕只为了开展一段跟自己的丰富对话，你也应该摒绝噪声。把你的手从电视机或收音机跟前收回来，静静地坐一会儿。不太舒服？没错。但有些见解和情感只能通过沉默这种方式，在沉默里与你相遇。我们跟别人的对话也是如此。

在《演员工作室》（*Inside the Actors Studio*）一片中，主持人詹姆斯·利普顿（James Lipton）采访男演员加布里埃尔·伯恩（Gabriel Byrne），向后者抛出了自己惯用的问题："你最喜欢什么样的声音？"伯恩说："无声。"我听说，凯瑟琳·赫本也说过类似的话。

我跟对自己最重要的人进行对话时，沉默无声就是我最喜欢的声音，因为此时，该做的事已经做完了。从我在对话中运用的所有工具和牢记的原则来看，沉默有着最强大的力量。

不管是在对话还是在生活里，少即是多。只是呼吸就很好。静寂很好，走路很好，呼吸是最好的。令人难忘的对话总有一些让人喘息的空间——或者任何的空隙。

印度冥想大师迪帕克·乔普拉（Deepak Chopra）说，思想之间的空隙，就是洞见显形的地方。遗憾的是，对大多数人来说，思想之间没有空隙。我也是这样。让我高兴的是，我新近发现，飞钓能纠正我的这个毛病，在飞钓的过程中，我能合上脑袋里的开关。在半个小时里，我无比投入地在闪光的水域里放置钓饵，思想之间逐渐拉开了空隙。

在跟他人进行对话时，我也需要沉默的帮助。当我回过头审视，我发现，我所进行过的**最难忘、最富有成效的对话，无一不曾出现过沉默。**

想想看：如果在一场漫长的谈话马拉松里，连喘口气的机会都没有，我们怎么可能真正成功地拷问现实、激发学习、解决棘手挑战、丰富人际关系呢？对话不光是说。荡漾在空中的言语，不见得真能做成什么事。《美国女性高等教育百年》（*A Century of Higher Education for American Women*）的作者梅布尔·纽考默（Mabel Newcomer）说过："不要错把行动视为成就。"我想补充一点："不要错把说话当成对话。"小说家玛乔丽·凯洛格（Marjorie Kellogg）写道："他们在一起生活了那么多年，错把争执当成了对话。"如果把这里"生活"二字改成"工作"，道理同样成立。

虽然偶尔来上一轮意识流对话，也可能有所启发；但重要的对话需要沉默时刻，这样一来，在张嘴说话之前，我们可以反思对方说了什么，考虑自己的回应。要不然，我们下意识地回应，恐怕并不能反映出我们最有水平的想法。未经思考的回应怎么可能有什么高水平呢？我们连考虑到底该怎么回应才得体的时间都没有。

听听古典音乐吧，任何一首都行。在你倾听生活中对话的时候，不妨用娴熟音乐家演奏的音乐做一番比较。

我隔壁邻居的 7 岁孩子梅琳达·王，经常陪我一起搞园艺活动。我们除草、挖土的时候，梅琳达和我总会开展一番精彩的关键沟通。我们讨论过某些除之不尽的昆虫，它们的存在有什么样的利弊。我们讨论过跟某人相处是多么艰难。我们还讨论过，站在一大群观众面前，惊喜交加的感觉是多么疯狂。（梅琳达要做小提琴和钢琴独奏表演，我则会当众做主题讲演。）

每当梅琳达看到我从车上卸下花草，她就知道接下来的几个小时该到哪儿去找我了。我鼓励她独自穿过花园大门，跟我会合。很多时候，她看到我静静地站着，凝视着花园，考虑新买来的植物该搬到什么地方，才能创造出更赏心悦目的室外“空间”。梅琳达也会随之自觉地保持沉默，对此我心怀谢意，要不然，我的意识之眼就无法清晰地聚焦到总体规划上。

如果梅琳达带来了小提琴，我们就可以享受后院音乐会特别待遇了。莫扎特碰上西瓜。舒伯特与甜豆相遇。几年前，我自己的女儿珍妮弗也开始学小提琴，常在花园里为我演奏。我想跟你说，要是你不曾欣赏着维瓦尔第小提琴协奏曲种过绣线菊，简直枉来世上走一遭。

7 岁的梅琳达得以愈发娴熟地演奏所学乐曲。大多数小孩演奏乐曲总是从头到尾一气呵成，没有停顿，没有弱音，只顾着赶紧完成，梅琳达却不一样，她有一双成熟的耳朵。她注意到，音符之间的停顿，才是品味音乐的时机。当华丽的乐句结束，我们的心总是在沉默中颤抖。

任何人都可以演奏音符。然而魔力蕴含在音程间隔，蕴含在乐节之间。这就是沉默的用武之地。当我们把所有注意力都放到不停地说上，对话的一切可能性就越变越小了。

我们怎么让沉默施展力量呢？保持沉默就可以了。让沉默在空出来的地方填入更多的意义。说不定，当我闭上嘴，你的心门却打开了，嘴也打开了。

在《爱的盛宴》（*The Feast of Love*）一书中，查尔斯·巴克斯特

（Charles Baxter）写道："懂得如何保持沉默，这是什么意思呢？这会是什么样的沉默呢？这种沉默，跟愁苦地默不作声，有什么区别吗？什么才是胸有成竹的沉默？我们怎么才能知道，或者说，分辨出这种见识呢？"

在开采式对话里，提出开场问题（"你和我该谈的最重要的事情是什么呢？"）的时候，请保持沉默，静静地等待。如果我们变得不舒服、不耐烦，宇宙是不会响应的。有时候，我们需要做的，无非是走到一边去，别挡路，别再试图帮忙。

如果对话迷失了方向，你该怎么做？有时候，最简单的做法是直接说："对不起，我好像没了头绪。"

在公司会议当中，最好的回应、最精彩的解决办法，往往来自那个一直静静地坐着、倾听他人激烈辩论的人。就算被叫到了名字，这个人也大多一副不太愿意说话的样子，沉默地想着事情，坐上好一阵，让其他人不耐烦地敲着圆珠笔、不停地看表。紧接着，这个人说话了，房间里的其他人一下切入了更宽泛、更明智的视角，简单而完备的答案渐渐浮出水面。

危险的沉默

我的工作非常重视沉默的价值，可我也必须承认，并非所有的沉默都是有益的。我推荐的沉默，是一种惬意的宁静，能邀请我们聆听到更为沉静的声音，比如小草的生长、鸟儿的歌唱。

我指的并不是那种不参与、被动、不在乎你怎么做怎么想的沉默。

我指的并不是夫妻之间冷战式的沉默，两人明明渴求对话、建立亲密的联系、共度美好的时间，可那沉默却叫人冷入心扉。我也不是指那种故意无视叫人感到不快话题的沉默。

几个月前，在研讨班上，有个叫诺拉的女性承认，一次练习之后，另一位参与者给出反馈意见，她最初感到很生气："我恨不得跳起来挖你的喉咙。"（说这话时，诺拉面带微笑，缓和了气氛。）

我发现这种诚实态度很可取。事实上，研讨班里的其他人反倒更喜欢诺拉了，包括最初给她提意见的那个人。不过，当天晚些时候，有个男的把我拉到一边，提起诺拉的言论，说："你怎么受得了这样的人？"我回答说："跟被动的挑衅比起来，我更喜欢诚实、主动地发起进攻。"我们很多人都经历过充满敌意的沉默，它的害处比光明正大地表明态度大多了。

沉默是被动挑衅的一种常见形式，目的在于惩罚对方。"我不喜欢你说的话或做的事，所以我不跟你玩了。我要躲着你。你就看着办吧。"它是一种摆布别人的企图，意在告诉对方，如果不按特定方式行动，就有苦头吃。

这么做当然会事与愿违。碰到重要问题长期保持沉默，说到底，等于是做出了一个有可能引发消极后果的决定。在家里或是在职场上对某个话题拒不开口，表明你打算不惜一切代价保护自己，哪怕某个对你重要的人会因为你拒绝解决问题而放弃这段关系。

我所说的沉默，更不是指组织里共谋式的沉默，团队成员三缄其口（类似黑手党的"沉默誓言"），拒不透露"犯案的同伙"。

我曾在一家国际机构跟大型团队共事过，团队的目的是要开发内部专用软件。该公司为了开发这套软件花了几百万美元，所有的最终用户都曾参与过软件功能的构思、设计和应用。但等软件开发出来了，使用它的人却寥寥无几。

为了解决这个问题，40 个人凑到一起开会，对话混乱、空泛、支离破碎，没人给出答案，反倒是不停地打哈哈。一名重要的高管坐在房间最左边的角落里，没有人注意到他的沉默。我转过身问他：“比尔，为什么没人使用该软件？”他皱了皱眉头，然后耸耸肩，摊开手做了个“我怎么知道”的动作。我等着他，却发现他的眼睛在房间里兜来转去，跟若干团队成员同谋般地使了个眼色。于是我抓住机会直接问道：“萨利、迈克和丹，比尔看着你们，你们微微一笑，这是在交流什么信息？你们之间是不是分享了什么感觉或想法？”被我点名的三个人以绝对的沉默回答我。我再次转身看着比尔：“比尔，我在想，房间里的那几个人，恐怕是要先得到你的许可，才能告诉我到底真正发生了怎么一回事。既然你是他们的领导，你现在保持沉默就有点说不过去了。”

他动了动身子，瞪了我一眼，低头看着自己的指甲。然后他垮下肩膀，叹了口气：“我对他们说，我们现在没时间用那玩意儿。我们有其他更重要的事。”他停下来，似乎是想等着一拨凶猛的问题袭来，好为自己辩白。没有人说话。随着我们洞穿事态的核心，沉默扩散开来。

他看了看 CEO：“我已经连续 6 个月每天干 18 个小时了。这里大多数人都是这样。这套软件或许很了不起，我知道，是我们主动提出要求想要它的，但如果你想要每一面墙上贴的每一张进度表都按时推进，我们是不可能拿出时间来学习使用一款新软件的。至少，现在没空。所以，我对自己的团队说，先别管你说的，把工作完成再说。”

没人打破沉默：每个人都在思考比尔说的话，因为谁都知道这是真话。CEO露出同情和体谅的表情，回答道："我听到了。我明白了。好了，那接下来我们怎么办？"

问问自己

以下列举了一些我们用来掩盖恐惧、回避现实的常见故事或理由。如果我们开始对自己讲这些故事，我们就是在表明"不关我的事"：

- "我怎么知道？她才是专家。"
- "说什么也不管用，他根本不在乎我怎么想。"
- "现在该做些什么我全无头绪，所以，我最好是好好闭上嘴，假装我在听着。"
- "我说与不说都不会有什么区别的，那又何必说呢？"
- "她才刚经历了一番磨难，她需要跟人说说。"
- "我感到沉闷又疲惫，我对这个人（或是这个话题）没耐心。我会表现出一种礼貌的冷漠态度，但愿它很快结束。"

这些推托之辞让我们的对话和我们的人际关系偏离正轨，日渐疏远。我们撇清关系，而不是加以关注。现实没得到拷问，学习没能唤起，棘手的挑战回避过去，人际关系并未丰富。没有发生任何令人难忘的事情。

在实践"原则七"时，你将感受到沉默为对话创造空间的价值所在，有了空间，你和谈话伙伴才能走进去，审视对话里哪些内容是真实的、有益的。

对沉默的思考

沉默为我们提供退后一步思考和盘算的机会。我们所决定的每一步，都将启动另一些事情。没有人生活在真空当中。我们所做的每一件事，对公司（或家里）的其余人都会产生影响。所以我们有必要想一想："如果我这么做，什么人、什么事会受到影响？受到什么样的影响？还有哪些步骤非做不可？"有时候，团队需要安静地坐下来，思考这些问题。

沉默给我们带来了空间，让我们得以把焦点放在因而非果上。与其纠缠于用长长的故事描述症状，倒不如确认并解决实际的问题，这才是真正的战斗。在工作团队里，如果有人向同事提出问题，征求解决办法，倘若经过漫长的沉默，大家都对讨论事宜进行思考，终于有人站出来说："我想真正的问题不是这个。我认为，真正的问题是……"那就算很幸运了，所有人都会长出一口气，意识到大家回到了正轨。只要问题得到了清晰的界定，就相当于解决了。沉默让我们思考，最终找出问题，把我们有限的时间和资源集中到消除障碍上。

沉默让我们在做出选择、确定战略之前，围绕具体问题反思基本的信念和模式。我们必须用沉默向自己及团队发出挑战，我们要问："我们现在持有的哪些信念，可能妨碍了创新和改进？"置身声浪滚滚的嘈杂房间，任何人恐怕都做不到这一点。

沉默让房间里的所有人都充分参与。不管我们各自的专业领域是什么，每个人都对组织的其他方面有见解和想法。沉默对那些通常听得多、说得少的人很有帮助。沉默令较为安静的人有了发言的机会。它唤起了每一个人的学习。

沉默是促成家庭对话的不传之秘。如果你希望孩子跟你说说话，你一定要掌握沉默这一首选技能。过去，我每天都在女儿放学回家的路上亲热地问她：“你今天在学校过得怎么样？玩得开心吗？你学到了些什么？”如果你也为人父母，大概会微微一笑，因为你从经验中知道，这样的问题往往得不到我们所希望的长长的回应。渐渐地，我发现，问完问题之后，我越是耐得住沉默，我女儿越乐意说话：“猜猜我的老师怎么说？”或者“你想听一件很奇怪的事情吗？”等女儿开了口，我只需要简单地来上几句“嗯”“哇”“说来听听”“真的吗”，甚至“才不信”一类的话，就能引诱她继续往下说了。直接微笑或者点点头也行。

沉默让我们在头脑和心灵中扫描，寻找战场真相。沉默让我们审视自己生活里的废弃物料，判断其实用性，给了我们清洁挡风玻璃的机会。

沉默想要教会我们的是什么呢？它教我们如何去感受。沉默鼓励我们去探索一种更为难得的平静。

学会独处，以己为伴

觉悟需要学会独处，以己为伴。几年前，有位客户告诉我，他决定自己去夏威夷过几天。他离开西雅图时压力极大，负担太重，而且他必须做一个重要的决定。他沿着海滩信步而走，在一棵棕榈树下找到个不错的地方。他坐下来，凝视着大海和沙滩。他解释说：

> 过了一会儿，我的呼吸似乎跟海浪的节奏应和起来，接着，我仿佛看到自己所有的思想负担，从沙滩上探出了头。所有要我做的决定，数百件哭喊着要我注意的事情，等我回去以后就要回复的电话、电子邮件，我要开的会，全都从沙子里探出了头。忽然吹来一阵风，把沙子吹跑了。等风停止，只剩下两件事了。我清楚地看到了这两件事是什么，而且，我看得出来，只要我把这两件事搞定了，其他所有的事情自然会各就各位。我跟你说吧，从那一刻起，每当有人理不清头绪，我就建议他们去海滩、去爬山，或者其他能走一走、静静坐下来自由呼吸的地方。

你还记得我建议你跟自己进行的那些对话吗？这就是它们开始的地方。

我生活里的沉默分为不同的阶段。最好的时候是在清晨。我凌晨4点钟醒来，天还“伸手不见五指”——我有个朋友这么说。我煮上咖啡，走到房子后面，到树林和池塘边上呼吸清新的空气。我闻到雨水和落叶的气息。昨晚火盆里烧过的苹果木传来挥之不去的香味。我养的两条小猎犬“探探”和“贝贝”，一脸警觉表情。围栏外面噼里啪啦的声音，似乎暗示那儿藏着一只土狼，或者一头鹿。早春的青蛙叫得震天响，把我们都逗笑了。周围有几个怀着未决心事的人。空气蛮有分量。它如丝线一般穿过我的手指。碰到晴朗的日子，晨星让我屏息凝神，我显得多么渺小、卑微。美好的一天就这样开始。

等狗绕着围栏巡逻完毕，我们就进门。我倒出咖啡，升起火，坐在客厅里最喜欢的椅子上。我喜欢这里的清晨，因为破晓时分，我眼里的景色是窗外的白羽草、藤枫、桦树和松树。没有早间新闻，没有股市报道，甚至没有音乐。只是晨光和“探探”轻微的鼾声，它正躺在附近进行今天的第一个小盹儿。

我会坐上一个小时。有时，我头脑里翻腾着当天要做的几十件事，我要拼了命才能克制住自己不从椅子里弹起来，冲上楼去办公。“等一等，”我劝自己，“静下来别动。”此刻，沉默的第二阶段降临。脑袋里叽叽喳喳的声音淡下去。我开始意识到这一轮与自己的对话（我还在睡梦中，这轮对话就开始了）是要谈什么内容。

要想调动他人参与精彩的关键沟通，我们必须先调动自己进行一番真切、甜美、激烈的对话，在这一轮对话里，沉默无处不在，我们甚至能听到自己的心跳。用你的指头塞住你的耳朵，听听你的心跳。照照镜子，往深处看。如果你沉默地坐着，跟镜子里的自己交谈，你会听到些什么呢？或许，他有很多事想告诉你。

塞缪尔·约翰逊（Samuel Johnson）曾写道：“没有竞争，没有虚荣，而是情绪的平静交流，这就是最开心的对话。”我的目标是，让你职场上的同事、家里最亲近的人，都能在跟你的对话中得到这样的体验。这需要你深吸一口气，站稳脚跟，问道：“你和我今天应该谈的最重要的事情是什么？”接着，你要和对话伙伴一同走进充满未知风险的领域，你问题很多，却没有答案，你将自己的专家帽子扔出窗外，采用初学者心态，用身体里的每一点能量去倾听。在那里，你将鼓起勇气，对着遍布荆棘的地方提出问题，为所有人（包括你自己）打开可能性。然后你又一次先倾听，再说话。

世界上的所有对话，都会冲上沉默的顶峰。有时，沉默掩盖了其余的一切，就让沉默成为你的谜题吧，用沉默填满你的对话吧，从而拷问现实、激发学习、解决棘手挑战、改善关系。

这么做，会有什么风险呢？

我将为人所知。

我将为人所见。

我将有所改变。

练习“留有空隙的对话”

在接下来的24小时，跟家人或同事进行对话的时候，为自己设定一个挑战：

我将在对话里留出空间，这样，在自己说话之前，能够好好思考别人说的话。我会邀请对话伙伴也这么做。我希望，这样一来，我们能够得到一些更真实、更有价值的东西。

如果你怀疑，充满沉默的对话让你或对方感觉奇怪、不舒服，你可以在合适的时间点上这么说：“我要想一想你说的话。”如果对方走得太快，或者对你、对自己和这场对话都显得不耐烦，你可以说：“我相信这是一个重要的主题。我们不妨放慢些，双方都好好消化一下自己说的话，考虑接下来要去哪里。”

和本书布置的所有作业一样，如果你在对话之后自我总结，能更好地掌握相关技能和见解。从好坏两方面想一想自己的参与情况，带来了什么样的结果。用关键沟通的七大原则和四个目的来对照检查很有帮助。比如，完成本章作业后，问你自己：“在这次对话中，我是否发挥了沉默的作用？沉默有没有帮我们拷问现实、激发学习、解决棘手的挑战、改善双方关系呢？”

总结时让对方也参加进来。按照本章的作业，你可以这么说：“感谢你为我们的对话留出了空间。我发现它很有帮助，你怎么想？”

我有好几位客户都创建了对照清单。他们认为，如果你碰到以下情况，就说明你正在进行一场关键沟通了：

- 你听到自己说出了你以为不知道的事情。
- 你没有做笔记，可你记得每一个字。
- 你不光在用耳朵倾听。
- 你对待自己和伴侣认真而上心。
- 结束对话时，你心满意足、思路清晰、充满活力，渴望进行更多这样的对话。

进行如下调查并展开讨论，能够丰富你的私人及工作关系。

讨论“对话的激烈程度评估”

对你的公司或家里发生的对话进行激烈程度评估，好好研究一下自己的回答，并进行探讨，以求充分理解彼此的意见。

采用 10 分制，1= 完全错误，10= 完全正确。

我们公司或家里没有不可讨论的事情。

我们公司或家里没有隐藏议程。

开会的时候，我们能说出自己的想法，邀请不同意见，探索彼此的想法。

我们公司或家里允许所有人都“展现自我”。

如果新情况太复杂，大家迷失方向的话，我们会更为关注那些陌生的全新方面，而不是只想着采取行动，把事情恢复到从前已知的轨道上。

谈谈你的评分，以及为什么你会打这样的分数。

谈谈你希望自己得多少分。

谈谈你可以做些什么来改善。

讨论你在以下主题上的看法：

- 我们公司或家里大多数对话的结果是怎样的？
- 我们是怎样回避处理问题的？
- 我们需要谈的最重要的事情是什么？

金句摘抄

①最优秀的领导者跟人交谈，不是冲着别人说话。

②话题里的情绪负荷越沉重，就越是需要沉默。

③我们一起沉默地坐着，妨碍对话的那些东西，如愤怒、麻木、急躁、摆布、僵化、责备、自负、残酷、野心、迟钝、威吓、骄傲，会自然地消失。

④最难忘、最富有成效的对话，无一不曾出现过沉默。

⑤要想调动他人参与精彩的关键沟通，我们必须先调动自己进行一番真切、甜美、激烈的对话，在这一轮对话里，沉默无处不在，我们甚至能听到自己的心跳。

结语：拥抱关键沟通的七大原则

我曾有一阵选择在对话的悬崖边上讨生活，我的整个生活，一呼一吸，都在这些和朋友、家人、客户、同事，当然还有我自己进行的关键沟通里度过。

或许，我们做不到在每一场对话中恪守关键沟通的原则，但为了你的组织、个人关系，最重要的是，也为了你自己，它们显然是值得追求的东西。如果偶尔碰壁，也别苛责自己。不要因为一次对话失败就不再尝试，要坚持到底。每天一次，把它们用到对话当中去。

不要因为成熟而沾沾自喜，四处看一看那些真实存在的、与之对话难以忘怀的人，想一想那些能让你头脑清醒、刺激你投入学习的人。近朱者赤。有最优秀的人陪伴左右，你也会变得更优秀。

实践 7 条原则，给我带了一份出乎意料的奖励：我全身上下精力十足。我的体重减轻了，越来越瘦削，太奇妙了。或许，这跟愿意打开心扉、放下戒备有些关系。没有保护机制，不需要全副武装。也可能，这跟我精简对话、直奔核心有关。我距离问题核心还有多远？我的真诚度怎么样？我是否清晰、准确？总而言之，如今的我轻装上阵，不再设定议程。

那么，你应该从哪儿开始呢？从动手做开始。行动会教你接下去怎么办。每一天都参与关键沟通，你自然就知道，说出你早就想说的话有什么价值。那你是不是应该冲出家门，抓住你遇到的第一个可怜的家伙，就跟他来上一轮关键沟通——哪怕他吓得后退不迭呢？用不着。你不妨先调整好自己，一个人，在沉默里待上一阵。

在沉默做着有益工作的时候，听听音乐，乡村、古典、蓝调、摇滚、歌剧、凯尔特风格——随你喜欢。合上门，关掉电视，把电话转给答录机，放起你喜欢的音乐，精心感受。

读一本书。放下报纸、杂志、股市报告，还有塞在公文包里皱巴巴的文章。选一本经典小说，新出的也行。通过忘我的沉迷，去找到你自己。

读诗。尽量读些好诗。当它唤起了你的某种感情……一段记忆、一幅鲜明的画面、一抹情绪、一种见解，你的身心为之颤动，自然就知道它的好。读一读大卫·怀特的诗，读一读丹尼尔·拉丁斯基翻译的《哈菲兹诗集》，你会看到一个生活得兴高采烈的人。你会微笑，甚至大笑出声。

去散步。人们总爱说，自己正走在“道路”上，还是让“道路”自己冒出来吧。在我看来，所谓的路，就是和生活里出现的一切进行持续不断的生猛对话。散步的时候，我和海边的紫色玫瑰对话，和高山湖泊里银光闪闪的鱼对话，和唱着歌的风对话，和清波荡漾的水对话，和宽广无声的天对话。山毛榉杂交月桂树随风摇曳，陪着我在鸢尾蓝眼草丛中入梦，跟自己的天性对话。回到家里，我继续跟忠实的朋友与家人对话。灵魂早为我们指明了方向，重要的是我们需要多久才能听从它的指引。

今年秋天，在伦敦主持了几场研讨会之后，我来到英格兰南部，和朋友格雷厄姆·汤普森漫步乡间，过了一整天。下午晚些时候，我们回到了格雷厄姆和他妻子夏洛特家里，我说："谢谢你陪我度过了这么美好的一天。"

他笑着说："那现在该你报答我了。今天晚上有人请我去教堂为一场婚礼敲钟，这需要两个人。"

几个小时后，我跟着格雷厄姆顺着摇摇晃晃的台阶，爬上了山顶的一座古老乡村教堂。格雷厄姆打开暗门，我们爬过去，钻进小小的钟楼。头顶的木板悬挂着八口钟，钟绳垂下来，连着八根木头杠杆。我们根本没时间练习变奏曲，连最高到最低音符的标准钟声都来不及敲。宾客和新娘队伍来到时，格雷厄姆才刚刚把连着最小那口钟的杠杆解开。牧师敲了敲暗门，格雷厄姆和我憋着笑对视了一眼，我扯动了第一道杠杆。

虽然我们十分专心，但最初的尝试并不像我们想的那样，带来欢快的声音。但随着我们信心的增长，钟声开始应和我们的动作和时机，我感觉，钟声仿佛在我胸口奏响，真的，就在我的肋骨里回荡，让心都为之震颤。我没意识到自己和格雷厄姆都在笑，直到有人顶起暗门，对我们喊着："连教堂里的人都听到你们的笑声啦。"

关键沟通能让你有所感觉，感觉什么呢？某些东西，任何东西，音乐唤起的情绪，发自内心的大笑，你对这个世界的义务，你胸腔里的钟鸣。

伊丽莎白·伯格在小说《家庭开放日》里，借一个人物之口问道："你知道什么叫作裸星吗？……就是大部分气体层都遭到剥离的星星。你知道它们怎么会变成这样吗？因为跟其他星星靠得太近了。我发现这跟人与人的相处有点像，你觉得呢？"

跟他人亲密接触存在风险——你将为人所知。你将暴露在外，发生改变。可为什么不试试看呢？你已经坚强了这么久，试试不同的东西，顺从吧。

或许你大胆吐露心声，并没有得到良好结果，可这也没什么错。如果所有人都需要前进，肯定有些人会走得太远。

关键沟通不是炫耀卖弄自己的词汇量有多丰富。关键沟通是要努力去理解（首先是让自己理解）某件值得你思考的事情。关键沟通进行深刻的探究，把你想弄懂的事情说出来。大多数人都希望一同参加这样的旅行。别想着怎么表现得很聪明，给人留下印象，现在需要的只是心平气和，保持诚信。

很早以前，我就下定决心，要改变自己的个性。我之前喜欢隐瞒争议性观点，我既害怕别人认为它不诚实、没用，也担心它引发传染性的瘫痪状态，但我决定有所改变，我要真诚地展现自我，并在生活里所有人面前保持言行一致。有没有人曾因为我说的事情而吓到呢？当然有，但这跟我没关系。

我的秘诀是，完全地展现自己。或许你身边的人都不支持你。这些人，不管他们是否关心你，或许只是不具备足够的能量支持你开展关键沟通的雄心壮志。这种情况也不算少见。鼓起勇气展现自我，说起来简单，做起来就叫人却步了。一旦你挺身而出，人们就能看到你。他们有可能会评判你，批评你，说你的闲话。展现雄心、表达强烈情绪的时候，人会丧失一些安全及舒适感。也许，如果你对自己造出来的虚假身份感到不耐烦了，生活便会邀请你进入一个宏大得远超你想象的世界。

如今，不管是家里还是职场，对话里都需要亲密。我们必须解答组织提出的大问题。哪些问题，需要提出来？几百年来，哲学家、神学家、科学家和伟大的导师就围绕它争论不休。

什么是真实？

什么是诚信？

什么是品质？

什么有价值？

我们和自己、同事、客户、家人、全世界展开生猛的对话，促成改变。不管是治理国家、运营组织，还是忠诚地投入一段私人关系，随着你更敏感地回应周遭的世界，回应那些事关你幸福与成功的人，你促成改变的能力也在提升。

关键沟通的使命是：通过一次又一次的对话，改变世界。2001 年 9 月 11 日美国遭到恐怖袭击之后，我听到曼迪·帕廷金（Mandy Patinkin）唱起了斯蒂芬·桑德海姆（Stephen Sondheim）的《孩子们会听》（*Children Will Listen*），深为所动。我们在对孩子们说些什么呢？如果每个人都有力地做出个人选择，强烈地关注自己进行的每一轮对话，这个世界能变得更好。

我有这样一个愿望：世界各国的领导人、商界领袖、伴侣们、父母和孩子们都接受关键沟通的原则，以历史少见的力度投入对话。光是愿意说还不够，真正说出来的时候已经到了。你要真心实意地乐于接受改变，隐忍不言、按捺个人想法的岁月已经结束了。斩钉截铁地说出你的意见，成为你的人生职责。坐到你关心的人身边，现在就开始吧。

祝大家好运！请告诉我你们的进展。

我的邮箱：susan@fierceinc.com。

如果你想要参与实践关键沟通的原则，可以到 www.fierceinc.com 注册，我们会按月向你投递简讯。

使用指南

你决定要把关键沟通原则推行到组织的边边角角，那么，本书是一个很好的起跳点。所有的原则和工具都收录在这里了。可如果我说“那就用起来吧”，我完全能够想象你会是什么样的表情。

“天啊，我该怎么做才能把这一套东西给用起来？财会部的玛丽痛恨法律部的弗兰克，运营部的马克甚至不跟我们的销售副总裁说话，而要让我去动员人们说出自己真正的想法，谁也不会张嘴的。大家都担心当众丢脸，遭到解雇或责骂，也不想被看成自己在找麻烦，还有些人本来就漠不关心。我该怎样克服这样的局面？我要从哪儿入手呢？”

如果组织里只有你一个人倡导关键沟通原则，它是很难推广开来的。通常，深深地嵌入肌理的组织文化规范（战场真相），跟个人或团队希望点燃的诚实、聪明、生猛对话并不一致。

如果你的预算里并不包括关键沟通培训项目，而你又想独立支持它，那么你就可以按照使用指南来一步步地展开工作。这就类似读一本节食宝典，有 200 页的内容讲述节食的概念、相关的研究、背后的科学等，而真正的精华大概就只有 10 页。如果你没读过其余的内容，但看过了那关键的 10 页，你大概仍然可以采用这套节食方法。

下面这几页里的内容，就是有关关键沟通你需要知道的一切。我相信你能照着做。

我该怎么开始：从哪里开始?

在电影《尽善尽美》(*As Good As It Gets*) 里有一个场景，我认识的所有女性朋友都很喜欢。海伦·亨特受够了杰克·尼科尔森的粗野行为，在餐厅里，她又一次遭到他的羞辱，于是便打算离开。她咬牙切齿地喝道："你快点对我说点好话，让事情结束得体面些！"尼科尔森知道这是自己最后的机会了，他挣扎着、嗫嚅着，最后终于开了口："你让我想变成一个更好的人。"

你希望人们对你说些什么？你希望人们对你产生怎样的感觉呢？你让我想成为一个更好的人、更好的丈夫、更好的家长、更好的员工、更好的老板、更好的同事，甚至……更好的客户。因此，在我们关注针对具体情况的技巧之前，先要解决一个基本的事实。关键沟通从你开始，从你怎样展现自我开始。不管你希望别人做出什么样的行为，你都必须首先充当表率。

不妨默念一条口头禅来提醒自己：我想要什么，自己做榜样。反复地说：我想要什么，自己做榜样；我想要什么，自己做榜样；我想要什么，自己做榜样。这适用于我们生活的方方面面。从本质上讲，也就是说……我希望你这样做，我先做给你看。它也适用于关键沟通原则。

要想开始，有个挺简单的办法：每天选择关键沟通7条原则中的一条作为当天的关注点。从第一条开始，接着逐一实践。

比方说，现在是第三天，你选择了“保持专注，不分心”这一条原则。那么，整整一天里，你都要全神贯注地对待每一个与你说话的人，还要全神贯注地对待谈话主题。你要和同事面对面，看着他们的眼睛，对接下来说的话给予强烈关注。问问自己：“这一场对话想要达成什么目的？需要谈些什么？”不要在边缘地带兜圈子。小麻烦容易清理，也能麻痹我们，让我们误以为已经全面解决了手边的问题。不，你要问：“这一混乱局面里最根源的问题是什么？”坚定、专注地围绕这个问题展开。

如果你是个急性子，是爱手舞足蹈的那种人，做个深呼吸试试看。坐下来，好好待着。

不管是在家里还是在工作上，你要坚持一整天。注意结果发生了些什么。我想你一定会很高兴，我知道别人会高兴的。

不管你选择实践哪一条原则，只需要短短一个星期，你就能把所有的7条原则都实践一轮。接着从头开始。想象一下，随着你熟练掌握以下原则，你的对话将发生什么样的变化，你的人际关系将发生什么样的变化。

- 拿出勇气，拷问现实。
- 走出自我，投入对话，让对话变得真实。
- 保持专注，不分心。
- 今天就解决你最棘手的挑战。
- 听从自己的直觉。
- 为自己的情绪尾迹承担责任。
- 让沉默施展力量。

你不光会成为别人的榜样，你自己的学习也得到了唤起。作为领导者、作为一个人，你加速成长。随着时间的推移，你会发现，你再也无法说那些无关痛痒的话了。你必须直接扑向问题的核心。

结果会怎样呢？你将拥有更高层面的个人诚信和真实度，你在情感上更真诚地对待他人，你无所畏惧，有了更强的能力坚守自己的愿景，动员他人投身其中。

有人把这称为领导力。

我是一名员工，我想在工作中着手运用关键沟通原则。我该怎样推进此事，并确保自己不被开除呢？有些人就是没法接受诚实。

经验告诉我，人们并不是接受不了诚实，他们接受不了的是传递信息的方式，或是对话缺乏互动。

我们先来谈谈传递信息的方式吧。人们用心良苦却因为“关键沟通”招惹麻烦，头号原因出在他们忘记了“原则六”：“为自己的情绪尾迹承担责任。”而这种忽视大多源于言语之下对人对己都没有好处的一种信念或想法。这种信念便是："对这个问题，我才知道真相。"故此，举例来说，你或许提供了一条满载真相的信息，但（我的重点是放在"但"之后的）如果你阴阳怪气地在信息里附加了责备之意，那么接收信息的人或许就感觉不太舒服，甚至彻底关机了。

还记得前面章节提到的沙滩球例子吗？你的公司是什么颜色，真相到底掌握在谁手里呢？公司的每一个人，都对此掌握着一部分真相。这里的关键词是"一部分"。没有人拥有完整的真相，没有人。故此，要是有任何人相信自己就某个特定话题掌握了完整的、不容置疑的真相，那就忘了关键沟通这回事吧。因为游戏还没开始，他们就原地卡死了。

你要倾尽全力成为一个讲述"真相"的大师，同时也要承认，其他人或许掌握着不同的真相，而且跟你的真相同样成立。不带责备地描述你的现实，你无须担心被炒鱿鱼。相反，你还要为自己下一份充满挑战性的任务做好准备。

事实上，我最近收到了来自某位高管的电子邮件，他说，自从和直属下级一同参加了我们的关键沟通培训，他在 18 个月里连续晋升了 3 次，引来一片"激烈"争议。这真让我感到骄傲！

对我的很多客户来说，效法这些原则是一件值得终身投入的挑战。有时候，他们说话的语气、选词，或是他们的脸部表情，会为信息附加他们本人无意为之的负荷。如果他们足够幸运，接收信息的人或许会提醒他们注意。这时，他们可以表示歉意，再试一遍。

对话的互动又是什么样的情况呢？如果你对他人漠不关心，他们为什么会有兴趣倾听你的真实观点呢？人人都希望世界上有一个自己可以对着说说真话的人。你会是这样的人吗？如果有人不认同你的"真相"，你会怎样回应呢？你会为自己开脱，还是追根究底，又或者闷闷不乐？你会一个人滔滔不绝地说个不停吗？

如果你想在工作中进行关键沟通，你要先做一个他人能对着说出真相的人！还是那句话：你先来！

我应该为团队的第一次关键沟通选择什么主题呢？

选择一个各方利害相关度高的话题，让你的团队参与“沙滩球”式对话，在此期间，你请他们帮助你拷问现实，设计出行动方案，规避、影响、改变或改善现实。对话主题应该涉及大量的利害得失，关系到组织解决重大问题、设计关键战略、评估机会、做出重要决策的能力。

应该由谁来选择主题？

我最喜欢的办法是让团队来选择主题。有一种十分简单但意义深远的办法，那就是问大家：“我们应该讨论的最重要的事情是什么？”或者是，“有没有什么领域，一经改善，就能为我们的组织带来极大的进步呢？请花两分钟把答案写下来，别跟其他人商量。接着每个人都来说一说。”

也可以是：“如果你受聘为本组织提供顾问服务，你会提出什么样的建议？”或者：“如果你是一家财大气粗的新对手，你会怎样做才能把我们打垮呢？”又或者：“如果一切都没有改变，有可能出现怎样的结果？”

这些问题势必点燃充满激情的明智对话。如果它们没做到，你的麻烦就更大了，你的团队已经死了。正常而言，这场对话能为改变激发出热量和动力，结束的时候人人都能量充沛，准备好进行更多的此类对话。

如果你想自己来选择主题，用同样的问题问自己。你的答案将为对话提供丰富的燃料。

“沙滩球”对话的主题有些什么例子?

- 怎样才能加强我们的领导力?
- 竞争对手在蚕食我们的市场份额，我们应该怎样应对?
- 我们怎样才能提高销量?
- 我们来探讨一下潜在收购项目的利弊吧。
- 我们该怎样重新分配工作责任，以确保工作完成，不会有人过度疲劳?
- 我们来设计一套拿下投标项目的战略吧。

方法之一是审核组织早期预警系统里的关键指标。如果一个关键指标出现下降趋势，那就是在呼唤进行对话：我们在这儿，正朝着这个方向前进，但我们希望是朝那个方向前进，我们必须现在就及时调整业务，赶在为时已晚之前。我们需要做些什么呢?

你的一部分工作是尽快靠着最少的线索察觉趋势，以便采取适当行动，确保公司成功。关键指标帮助你看清大家置身何处，想要前往何方。如果你还不知道你们的关键指标是什么，组建团队来辨明指标。

关键指标包括净销售额、毛利率、库存周转率、销售量、促销活动、客户满意度、客户平均销售额、市场份额、新产品的增长，以及员工留任情况。

每一家企业都是独一无二的，所以要考查不同的指标，直至确认那些真正推动你业务的指标。接下来就坚持不懈地跟踪这些指标！

沙滩球对话的其他高阶主题涉及三种现实，每一家组织都必须经常加以拷问：

1. 我们支持什么样的价值观？这些价值观和我们的实际行为之间是否存在差距？

2. 我们公司的技能和才干是什么？这些资源和市场需求之间是否存在差距？

3. 未来存在什么样的机会？这些机会和我们抓住机会的能力之间是否存在差距？

怎样跟不熟悉整套流程的人展开关键沟通？有些人想要教导他人，但却经受了很大的阻力。你有什么建议吗？

别想着“教导”任何人，这并不是个受到一致欢迎的做法。你的任务是身体力行关键沟通对话原则，而不是订立规矩，要求别人怎么做（除非别人犯浑，那自然是不允许的）。

另一方面，也不要遮遮掩掩。告诉大家你正在做什么，打算怎么做，这是很有帮助的。你想要什么，你为什么想要它。如果你不光明正大地说出来，人们就可能对你的动机产生怀疑。他上个周末经历了什么改变人生的重大体验？难道他发现自己只有三个月好活了？他的妻子把他蹬了？他听说自己马上就要“自主择业”了吗？

不管你做什么、打算做什么，告诉人们你正努力促成改变，并邀请人们加入你。说不定，你还需要为以前的行为道歉。用你自己的话来表达，你必须用自己真实的声音来说。以下的内容只是想勾勒一下信息大概是什么样的，你兴许需要这样说：

> 我环顾四周，心怀感恩：谢谢你们的才能与苦干，我们拥有了这样一家优秀的公司。我想你们大概同意，我们还有成长与进步的空间。我们需要做出决定，设计战略，解决问题，评估种种机会。我想，所有人，不管是我还是大家，都想要把事情做对，可我们却错过了机会，未能从公司拥有的多样化经验和视角里受益，这让我深为震动。很多时候，我把自己的想法告诉你们，你们毫不质疑地就加以执行。我可以理解。坦率地说，我没有发出让人信服的邀请，请你们分享自己的观点；还有时候，在你们表达不同意见时，我没有仔细听，就想着用自己的思考方式去说服你们。对于这一点，我感到很抱歉。我不想再这么做了，真心的。展望未来，我想点燃富有成效的睿智对话——一对一地谈，也以团队的形式谈。你们每个人都掌握着公司的部分真相，对我们该怎样成功前进有独立的视角，所以，我想对大家说：我会诚实地告诉大家我怎么想，我也恳请大家这样做。当我询问你们的建议，我希望你们能知无不言。这一点，我会用自己的行动来表示诚意。我会用心倾听，说到做到。

虽然听起来似乎是在给自己做宣传，但你不妨花上几块钱，把这本书买上几本，派发给团队成员。等他们发现自己的私人生活和工作都从运用此书原则受益的时候，他们会加倍感激。

你能提供资料，向我或我的组织解释一下“关键沟通”的概念吗？

在你举办第一场“关键沟通”会议之前，可以先给大家看一段 40 分钟的视频，名叫《初尝激烈之味》（*A Taste of Fierce*）。这段视频以轻松有趣的方式，帮助过许多领导者向自己的同事介绍关键沟通概念。视频让大家理解到，如果对话的意义深化，组织有什么得失；如果一切原样不变，又会带来什么样的利害。它还提供了入门的建议。你可以上我们的网站试看此视频的片段：www.fierceinc.com。

我该怎样举办一次真正了不起的会议呢？

这个主题可包括如下子问题：

我该怎样进行安排？

对于初学者来说，不要再提什么“会议”。人们最不想做的事莫过于又开一次会。请改为“对话”。如果你能让“对话”富有成效，人们自然会期待进行下一次“对话”。发出邀请：

下星期三下午 2 点到 4 点，我想安排和你做一次对话。我们要谈一谈（此处请填空）。请准备好你自己的意见和观点。

我该邀请哪些人呢?

这里请自行发挥创意，这是你打破原有模式的第一个机会。不要只邀请有着华丽头衔的人。哪些人的意见有用呢？哪些人站在一线工作起承转合的关键位置？哪些人身处下游，会受结果的影响？执行决策的是哪些人？邀请你最新入职的员工，邀请在装卸码头干活的人，邀请你的行政助理，邀请客户！两三个都行。很多时候，你的客户都来自组织内部。一定要让内部客户代表出席。此外，为什么不能邀请一个真正意义上的、花钱购买你服务或产品的外部客户呢？如果这个想法让你的脸都憋红了，你更应该邀请几个客户了。要不然，你就可能碰到一种很常见的情况：煞费苦心设计出来的东西，客户却并不买账。还有可能，他们认为你最新的产品或服务看上去很美，自己却不愿意花钱买。

我该怎样准备?

如果合适的话，可以试试本书提供的方法："准备议题，以供讨论。"把它填好，复印发给所有人。它涵盖的要点分别是：

问题是：

（裁员后任务需要重新分配，确保工作完成；设计一套提升销售量的战略；需要减少 100 万美元的支出费用；为拿下一位新的大客户需要协调合作；即将要收购一家竞争对手公司，等等。）

它值得注意是因为：

我理想中的结果是：

相关背景信息：

到目前为止，我做了些什么？

我想从这个团队里得到什么样的帮助：

你可以把填好的内容提前发给大家，这往往对他们大有帮助。现在，所有人都清楚地知道对话的内容是什么，你们想要从对话中得到些什么了。他们将有备而来，献计献策，或者提供各种有用的数据。

怎样拉开对话序幕？

“感谢大家能来。我们要做出决定，有关（解决某个问题、设计战略、评估机遇等）。我的目的是要尽量让组织做出最佳决策，所以，我需要接触到一切有效的数据。这张桌子边坐着的每一个人都有着宝贵的意见，这正是我邀请大家来此的原因。”

如果很多人都不愿开口，我该怎样鼓励大家开诚布公呢？

如果你还没有用自己的话暗示大家不要遮遮掩掩，那现在就是这么做的时候。不管你有多么真诚，凡是过去因为开诚布公碰到过闹心事的人，都不再愿意反驳你（或者其他任何人）中意的观点了。考虑到大家过去的遭遇，谁能责怪他们呢？所以，你要找到真心能接受这一番说辞的人。

比方说，某个勇敢的人——就假设他叫戴维吧——斗胆进言了，此后几秒钟里发生的情况，决定了这次对话的走向。所以，你务必这样说：

> 谢谢，戴维。请你再多讲一讲吧。

很多时候这就足够了。要留心自己的面部表情、肢体语言，如果戴维说了一些你不认同的话，记得咬紧牙关别开火！切莫跳回去强烈捍卫自己的观点，相反，你要请他继续说下去，请他谈谈自己建议背后的想法。别用“但是”，要用“而且”。不管你是坐着还是站着，把手放在身体两侧，不要交叉抱胸。

等戴维说完，你要说：

> 很有帮助，戴维。你说的这番话，是需要很多勇气的。谢谢你的坦诚。

现在，但愿会有其他人愿意斗胆试试看。一般而言，有了第一个人伸出脚指头尝试水深水浅，假设说他没淹死，那么下一个人会说一些更激进的话，走进更深的水域试探。这就是挑战你内心坚强度的紧要关头了。请记住，是你邀请他们分享意见的。听下去，表示感谢。

要是始终没人主动发言呢？万一我邀请大家发表意见或看法，房间里的紧张情绪却把人逼疯，那该怎么办？

点名，直接把某个人叫起来。

凯西，在这个问题上，你当时正好处在要害位置。你是怎么看的？

如果她说“我不知道”，你则要说（不可带着讥讽或判断的语气）：

> 那么，如果你知道，那会是什么样的？

然后就静静等待，让沉默施展力量。事实上，等会议进行到后半段，你把某个还没发过言的人叫起来，如果他回答说“我没有什么要补充的了”，我希望你这样说：

如果你真的想要补充点什么，那会是什么样的？

对于你，我的目标是把“我不知道”“我没有什么要补充了”这类的话从你的组织文化里消灭掉。这样的回答没有用，也并不真实。有些人就是不想努力工作，不想冒险把自己的真实想法放到桌上让大家看见，因为他们对自己过去尝试后经历的遭遇有着惨痛的回忆。

他们并不是坏人。但这么做，让他们变成了“可疑”员工。毕竟，如果我每次询问你的想法、建议、观点或分析，你都说自己不知道，没有什么要补充的了，那么，我为什么还需要你呢？

这似乎显得太过苛刻。但之所以这么说，是因为我深信人们知道些什么，而且有想要补充的内容。大多数人接下一份工作的时候都想着要做出宝贵的贡献。我们征求他人观点以及对不同意见的回应方式，决定了我们是否能得益于他人的智慧和创造，我们的组织文化是否有着包容他人自由裁量权（是否行使自由裁量权，完全是取决于员工的个人意愿）的雅量。

如果团队里有人爱惹麻烦怎么办？

确立一些基本规则。在对话前给大家看视频《初尝激烈之味》。如果有人开始批评团队成员的想法，或者在别人说话时翻白眼——请记住，你容忍什么样的行为，就会得到什么样的行为。你应该停下对话，说些类似下面的话：

乔治，我希望这次对话能激发我们所有人有所学习。这就需要了解每个人的观点。安今天表现出来的勇气，让我非常尊重，我很想听听她要说些什么。我希望你能尊重安的发言，等一会儿，我们也会尊重你，听取你的意见。

如果乔治继续争辩，可以这样试试：

乔治，我希望你换一种态度来参与本次对话。要不然，我恐怕得请你离开。

没错，就是要这样坚定地表明态度。要发送出明确的信息，说明你不会迁就任何贬低同僚的行为，包括奚落、打岔、翻白眼、推推搡搡等等。如果你的团队里有人固执己见、一意孤行，那么稍后跟他进行对峙式对话。本书的“原则四”里详细介绍过这种一对一的私下对话。

我该怎样以身作则呢？我该说些什么？

首先把对话主题准备表给填写好，要完整地如实填写。

对话中，你可能会被问及一些问题，令你感到为难，不清楚自己该表现出何种诚实度。如果你出于法律原因不能回答某个问题，请照实说。人们是理性的，也明白在一些现实场合下，你不能坦白得过分随心所欲。除了这一类情况，你都要鼓足勇气，诚实而完整地回答每一个问题。

请记住，每个人都希望世界上有这样一个人，自己能向他吐露实情，也能从他那里听到真相。你要争取变成这样的人。

在内心深处，我们会强烈地应和那些对我们坦诚以待、绝不唯唯诺诺的人。

该怎样结束对话?

结束对话分为两步。首先是向大家表示感谢，真诚地致谢。接着告诉他们下一步会发生些什么。举例来说：

> 感谢大家为这次对话投入的时间，也谢谢大家如此坦白地献计献策。我的认识得到了提升，我感觉自己准备好了要为组织做出最佳的决策（这里可以放入任何恰如其分的说法）。我会在（此处填入时间）把自己的决定（或接下来的行动）告诉大家。

第二步是迅速地总结一下本次对话。例如：

> 对话结束之前，我想简单地总结一下我们做得好的地方，看看将来在对话过程中怎样改善体验。先说说怎样改进吧（如果是团队对话，务必把重点放在有哪些成绩方面）。

把大家说的话记下来。不要针对每一个人的意见进行讨论或展开争论。你只要保证自己理解大家的建议、记下来就行。感谢所有发了言的人。你可以反复地问：“还有哪些地方可以改进的？”直到你觉得该说的情况都已经说出来了。接着，你要问：

我们在哪些地方做得比较好呢？

把大家说的话记下来，感谢每一位发了言的人，接着提议：

大家的话都很有帮助。我会留着这张清单，等我们进行下一轮对话时张贴出来。我期待，随着时间的推移，我们都能变成对话高手。感谢大家。本次对话结束。

有哪些特别好的问题能快速启动关键沟通？

如果你和其他人已经读过了这本书，开始讨论关键沟通原则，那么，以下问题应该能为你们所进行的关键沟通提供丰富的素材。请记住：郑重提问题，万物皆呼应。以下任何一个问题都可以点燃一场迫切需要的生猛对话。

1. 今天我们需要谈的最重要的事情是什么？

2. 有什么话题，你希望我不要触及？有什么话题，我会希望不必提出？

3. 有什么事情是我们自认为不可能去做，可一旦做了，就会彻底改变整个游戏？我们该怎样努力实现它？

4. 我们所支持的价值观是什么？它和我们的实际行为之间是否存在差距？

5. 有什么事情是我们的组织假装不知道的？有什么事情是我们假装

不知道的？

6. 有什么样的行为方式，能保证带来我们不满意的结果？

7. 我们所面临的最重要决定是什么？是什么阻碍了我们，让我们无法定夺？

8. 如果我们受聘为公司提供咨询，我们可以提出什么样的建议呢？

9. 如果我们跟公司展开竞争，我们会用什么样的策略？

10. 如果现状没有改变，可能会发生些什么？

11. 有什么对话是我们应该进行却迟迟未能进行，回避了数天、数月，甚至数年的？这些对话，我们要跟什么人进行？主题是什么？

12. 着眼于我们已经共同探讨过的方方面面，接下来我们需要迈出的最重要一步是什么？可能会造成妨碍的因素有哪些？我们什么时候采取行动？我们该在什么时候互通有无，了解事情的进展，商榷接下来该做些什么？

你强调说，关键沟通包括向他人表示赞赏。有什么强有力的方法来表达赞赏，告诉别人他们受到重视呢？

一场对话可以无聊得要死，也可以深刻地体验到人性的亲密。有时候，我能说得最激烈、最亲密的话就是……“我很欣赏你身上的这一点。”“我很感激你做的这件事。”“我欣赏你处理那种情况的方式。”如果整个团队都能这么做，就将建立起有力的纽带。

以下是一个练习，可供团队实践欣赏和感激，为团队带去强大的积极影响。

欣赏体验

将椅子围成一个圈，中间不摆桌子。如果大家手里拿着东西，请他们将之放到椅子下面或者身后。无需纸笔，空着手就好。做如下体验：

你们每一个人，贯穿一生，都曾获得过许多有助于你们心想事成的工具。每次你们走进这道门，都带来了你们的经验、智慧和成就。归根结底，你们拥有的最强大的工具是你们自己，你们的行为方式，你们的思考和感受方式，你们和组织里其余人彼此工作、互动的方式。不计其数的方式都展现了你是怎样一个人，它们和你的成功息息相关。

有时候，我们忘记了自己是什么样的人，就像水中的鱼，我们看不到水，因为我们身处其中。我们注意不到自己的行为，因为我们从来都是那么做的。所以，我想确保房间里的每一个人都清楚地知道，我们自己在他人心目中的价值。那么，我们要这样把它落到实处。

你们每个人都将有一分钟的时间，介绍自己为团队带来了什么。接着，其余的人将有9分钟时间来说明自己对此有多么欣赏。说话时，大家一定要互相直视。这时候，你只能说一句话："谢谢。"

在等待轮到自己的过程中，你不要去想到时候该说些什么。把焦点完全放到此刻正在介绍自己的团队成员身上。努力想清楚你对这个人怀着怎么样的欣赏之情。光是随口说一句"我真的很喜欢你"，没什么作用，要说得具体、真诚，要直接跟这个人说，说话时直视对方的眼睛。

每人 10 分钟。

用 1 分钟介绍：我为团队带来的是……

其余 9 分钟：我很欣赏你，是在（某某方面）……

把每个人的片段都录制下来，并将该段视频交给当事人。（一定要把所有的评语都录下来，要为团队的每个人单独录制视频。）在类似的活动结束之后，我常接到与会人员的另一半打来电话，告诉我他们的伴侣务必自豪地把视频带回家，说："瞧，我的团队成员对我的看法是这样的。"

练习结束时，请这样说：你们每个人走进这个房间，投入这次对话的时候，如果走了神，就会错过一件独一无二的东西。你们的特质和成就，在整个组织里得到放大。你们的影响远远超过了你们的认识。如果大家忘记了这一点，或是碰到非常糟糕的日子，不妨播放这段视频，提醒自己你是什么样的人。如果你们每个人都继续完全地投入到任务当中，投入到每一次对话当中，整个组织就会焕然一新。

道歉也是一场关键沟通吗？

你猜对了！直视着别人的眼睛，真诚具体地表示歉意，是非常有力量的行为。这是告诉对方："对于我们之间的问题，我为我扮演的角色表示歉意。我真心实意地意识到了这一点。请原谅我。"有时候，这样一句话是扭转一段苦涩关系的唯一方式。当然，你一定要诚心！装样子就没用了。

万一有人不愿跟我说话怎么办?

继续发出邀请，一遍又一遍地邀请。要带着优雅和诚意，讲究技巧。最终，要么是这个人最终接受了你的邀请，和你进行了一轮有意义的对话，要么是你清楚地看出，这个人从没想过要跟你进行一轮富有成效的对话，那么不妨就此打住，埋头前进。

面对现实吧。在这个世界上，不是每一个人都愿意或者有能力展现自我的。心理学家解释说，有些人认为，如果他们走出真我，投入对话，并且把对话付诸真实，他们自己就不复存在了。千真万确，他们努力维持的外部形象会垮掉。这对他们来说太过恐怖。不管你怎么努力哄着他们，求他们真实起来，变得诚恳，都没用。他们就是做不到。

既然如此，你就放弃吧。

我希望自己的团队对本书展开小组讨论，有什么好的讨论建议吗?

针对关键沟通 7 条原则的讨论问题

为团队安排 7 次“对话”，每次用时 45 到 90 分钟。每一次对话的重点，都放在 7 条原则里的一条上。在对话进行之前，请大家阅读相应章节。

从“原则一”开始：拿出勇气，拷问现实。

给每个人一定的时间，回答以下每个问题。请记住，要倾听言外之意。你们的集体任务是，把对话放慢，找出真正需要的是什么，真正需要谈些什么。

1. 想象一下，你正在挤满了人的房间里传授这一原则，你会怎样用你自己的话来表达这一原则?

2. 这一原则，以及本章中的故事和想法，最打动你的是什么地方？

3. 你对这一原则有些什么个人或工作上的体验？你或者其他人什么时候运用过这一原则？你们什么时候曾经忽视过它？

4. 忽视这一原则，我们会付出什么样的代价？尊重这一原则，将带给我们什么样的好处？

5. 你经常会遇到什么样的情况或机会，运用这一原则能帮助你拷问现实、激发学习、解决棘手挑战、丰富人际关系？

6. 对于这一原则，你认为要记住的最重要的地方是什么？

7. 有什么东西可能妨碍你实践这一原则呢？你将怎样绕过障碍？

8. 如果你能得心应手地实践这一原则，你必定会得到什么样的益处？和你共事、跟你一同生活的人必定会得到什么样的益处？如果公司里的所有人都得心应手地实践这一原则，公司将得到什么样的益处？

9. 还有什么相关的体会呢？

关键沟通中，激烈是一种态度，一种生活方式，一种领导方法。

不管你是想激发出自己的独创思维，转变企业文化，提高客户续约率，加强跨境合作，培养领导者和新兴领导者，抑或是单纯地想要激发活力，关键沟通的核心，都正如弗雷斯特研究所的乔治·弗雷斯特·克鲁尼（George Forrester Colony）所说：

> 如果你曾听过西纳特拉演唱，你就知道，他就好像直接在为你而唱似的。这得益于西纳特拉的高超技巧，也是我们公司

想要达成的目标。我们想要在人的层面上把人们连接起来，用某种方式打动他们。

这种投资能带来什么样的回报呢？在公司里实践并支持关键沟通，除去能带给员工深刻而普遍的幸福感，还能提高他们为公司战略的成功而奋斗的主人翁意识，为组织各层级高度协调、合作和伙伴关系打下基础，从而带来更为健康的财务绩效。

这就是关键沟通为你带来的前景！